WILLIAMS-SONOMA

PASTELES

RECETAS Y TEXTO

FRAN GAGE

EDITOR GENERAL

CHUCK WILLIAMS

FOTOGRAFÍA

NOEL BARNHURST

TRADUCCIÓN

CONCEPCIÓN O. DE JOURDAIN
LAURA CORDERA L.

degustis

MÉXICO

CONTENIDO

PASTELES DE PRIMAVERA Y VERANO

PASTELES DE OTOÑO E INVIERNO

PASTELES DECORADOS

INTRODUCCIÓN

Cuando prepara una reunión para su familia y amigos, automáticamente la convierte en una ocasión especial. Ya sea que busque un pastel para concluir una comida cotidiana o celebrar un cumpleaños con estilo, sé que en este libro encontrará una receta para impresionar a sus invitados que sea adecuada para su experiencia en la repostería. Entre estas 36 recetas, probadas en la cocina, se encuentran los clásicos pasteles en capas así como pasteles sencillos como el de jengibre, además de algunas presentaciones elegantes adornadas con betún y otras decoraciones.

Hacer pasteles ciertamente es un arte. Pero, también es una ciencia. Por esta razón, antes de empezar, asegúrese de leer la información esencial que se encuentra en la parte posterior de este libro acerca del papel que juega cada ingrediente, la importancia de medir y mezclar los ingredientes correctamente y el equipo que necesitará. Puede encontrar consejos adicionales en las notas laterales de cada receta y terminar su pastel con confianza después de leer el capítulo acerca de cómo decorar pasteles. Cada faceta de este libro seguramente le ayudará a llevar arte y placer a su mesa.

LAS CLÁSICAS

Estos pasteles han resistido la prueba del tiempo. Encontrará los pasteles favoritos de América como el Volteado de Piña y el Pastel de Zanahoria, así como los clásicos europeos como el Pastel Selva Negra y el Linzertorte. Elija entre los pasteles en capas decorados con betún, o haga un ligero y esponjoso Bocado de Ángel decorado con crema inglesa.

PASTEL DE CUMPLEAÑOS

Precaliente el horno a 180ºC (350ºF). Cubra el fondo de dos moldes para pastel redondo de 23 por 5 cm (9 x 2 in) con papel encerado (para repostería).

Cierna la harina con el polvo para hornear y la sal sobre una hoja de papel encerado; reserve. En un tazón pequeño, combine la leche y la vainilla; reserve.

Usando una batidora de pie adaptada con la paleta, bata la mantequilla, a velocidad media, hasta que esté cremosa. Agregue el azúcar y bata hasta que la mezcla esté pálida y esponjosa. Incorpore los huevos, batiendo después de cada adición, hasta incorporar por completo antes de continuar (vea explicación a la izquierda). Reduzca la velocidad a media-baja y agregue los ingredientes secos en 3 adiciones alternando con la mezcla de leche en 2 adiciones, empezando y terminando con los ingredientes secos. Bata hasta mezclar.

Vierta la masa en los moldes preparados y extienda uniformemente. Hornee de 20 a 25 minutos, hasta que los pasteles se esponjen y que al insertar un palillo en el centro éste salga limpio. Deje enfriar totalmente sobre una rejilla de alambre. Pase un cuchillo de mesa alrededor de la orilla de los moldes e invierta los pasteles sobre platos.

Para decorar el pastel, coloque una capa de pastel sobre un platón, poniendo la parte superior hacia abajo. Retire el papel encerado. Usando una espátula recta para repostería, cubra uniformemente con una tercera parte del betún. Invierta la otra capa, colocando la parte superior hacia abajo, sobre la primera capa, y retire el papel. Refrigere el pastel 30 minutos para que el betún quede firme; conserve el betún restante a temperatura ambiente. Extienda el betún sobre la superficie y los lados del pastel (página 111). Refrigere el pastel hasta 30 minutos antes de servirlo para que el betún tome consistencia.

RINDE DE 10 A 12 PORCIONES

2 tazas (250 g/9 oz) de harina de trigo (simple) sin blanquear

2 cucharaditas de polvo para hornear

¼ cucharadita de sal

½ taza (110 ml/4 fl oz) de leche, a temperatura ambiente

2 cucharaditas de extracto (esencia) de vainilla

1 taza (225 g/8 oz) de mantequilla sin sal, a temperatura ambiente

1½ tazas (300 g/10½ oz) de azúcar

4 huevos grandes, a temperatura ambiente, ligeramente batidos

Betún de Chocolate (página 115)

BOCADO DEL DIABLO

1¾ tazas (225 g/8 oz) de harina de trigo (simple) sin blanquear

1 cucharadita de bicarbonato de sodio

¼ cucharadita de sal

½ taza (60 g/2 oz) de cocoa en polvo estilo holandés (vea explicación a la derecha)

½ taza (110 ml/4 fl oz) de agua caliente

½ taza (110 ml/4 fl oz) de buttermilk o yogurt, a temperatura ambiente

2 cucharaditas de extracto (esencia) de vainilla

¾ taza (170 g/6 oz) de mantequilla sin sal, a temperatura ambiente

1 taza (200 g/7 oz) de azúcar granulada

½ taza (85 g/3 oz) compacta de azúcar morena

3 huevos grandes, a temperatura ambiente, ligeramente batidos

4 tazas (900 ml/32 fl oz) de Betún de Merengue de Café (página 114)

Precalienta el horno a 180ºC (350ºF). Cubra las bases de dos moldes redondos de 23 por 5 cm (9 x 2 in) con papel encerado (para repostería).

Cierna la harina con el bicarbonato y la sal sobre una hoja de papel encerado; reserve. En un tazón, bata la cocoa en polvo con el agua caliente. Deje enfriar y, cuando esté tibia, integre la buttermilk o yogurt y la vainilla. Reserve.

Usando una batidora de pie adaptada con la paleta, bata la mantequilla, a velocidad media, hasta que esté cremosa. Agregue el azúcar morena y granulada y bata hasta que la mezcla esté pálida y esponjosa. Integre gradualmente los huevos, batiendo cada adición hasta incorporar antes de continuar (página 10). Reduzca la velocidad a media-baja y agregue los ingredientes secos en 3 adiciones alternando con la mezcla de buttermilk o yogurt en 2 adiciones, empezando y terminando con los ingredientes secos. Bata hasta mezclar.

Vierta la masa en los moldes preparados y aplane la superficie. Hornee de 25 a 30 minutos, hasta que los pasteles esponjen y reboten ligeramente al tocarlos y que al insertar un palillo en sus orillas éste salga limpio. Deje enfriar totalmente sobre una rejilla de alambre. Pase un cuchillo de mesa alrededor de la orilla de los moldes e invierta los pasteles sobre platos.

Para decorar el pastel, coloque una capa sobre un platón, poniendo la parte superior hacia abajo. Retire el papel encerado. Usando una espátula recta para repostería, cubra uniformemente con una tercera parte del betún. Invierta la otra capa, colocando la parte superior hacia abajo, sobre la primera capa, y retire el papel. Refrigere el pastel 30 minutos para que el betún quede firme; conserve el betún restante a temperatura ambiente. Extienda el betún sobre la superficie y los lados del pastel (página 111). Haga marcas de ondas con un peine para decoración sobre la superficie del pastel así como alrededor del mismo (página 97). Refrigere el pastel hasta 30 minutos antes de servirlo para que el betún tome consistencia.

RINDE DE 10 A 12 PORCIONES

COCOA EN POLVO

El chocolate se hace al moler granos asados de cacao en trozos o pedazos, para producir lo que se conoce como licor de chocolate. Para hacer polvo de cocoa amargo, se retira la mayoría de la manteca de cacao (la grasa del chocolate) del licor y el resto se muele. La cocoa estilo holandés, o cocoa alcalina, tiene un sabor suave y un color oscuro profundo debido al carbonato de potasio que contiene; la cocoa no alcalina tiene un sabor más fuerte y un color más suave. La cocoa estilo holandés hace reacción con el polvo para hornear en la masa del bocado del diablo para proporcionar al pastel su característico color café rojizo.

BOCADO DE ÁNGEL

Precaliente el horno a 180ºC (350ºF). Tenga a la mano un molde para rosca de 25 cm (10 in) de diámetro y 10 cm (4 in) de profundidad.

Cierna dos veces la harina con el azúcar glass y la sal sobre una hoja de papel encerado; reserve.

Usando una batidora de pie adaptada con el batidor, bata las claras de huevo, a velocidad media, hasta que empiecen a esponjarse. Agregue una tercera parte del azúcar super fina y bata hasta que las claras estén opacas. Añada otra tercera parte del azúcar y el cremor tártaro; continúe batiendo. Cuando las claras empiecen a aumentar su volumen y a tornarse firmes, agregue el azúcar restante y la vainilla; aumente a velocidad alta. Bata hasta que las claras formen picos muy suaves (vea explicación a la izquierda). No bata demasiado. Retire el tazón de la batidora. Cierna una tercera parte de los ingredientes secos sobre las claras de huevo y mezcle cuidadosamente con movimiento envolvente usando una espátula grande de goma. Cierna e integre los ingredientes secos con movimiento envolvente en 2 adiciones más.

Vierta la masa en un molde y empareje la superficie. Hornee de 40 a 45 minutos, hasta que la superficie del pastel esté ligeramente dorada, se sienta suave al tocarlo y que al insertar un palillo en el centro del pastel éste salga limpio. Inmediatamente invierta el pastel sobre la mesa de la cocina si el molde tiene soportes o, si no los tiene, sobre el cuello de una botella de vino. Deje enfriar totalmente. Golpee el molde sobre algún mueble para desprender el pastel, e inviértalo sobre un platón de servicio. Si fuera necesario, pase un cuchillo delgado alrededor de las orillas exteriores del molde y alrededor del tubo interior.

Para servir corte el pastel con un cuchillo de sierra muy delgado. Acompañe cada rebanada con crema inglesa o puré de frambuesas.

RINDE DE 10 A 12 PORCIONES

1 taza (110 g/4 oz) de harina preparada para pastel (de trigo suave)

1 taza (100 g/3½ oz) de azúcar glass

¼ cucharadita de sal

12 claras de huevo grandes, a temperatura ambiente

¾ taza (140 g/5 oz) de azúcar super fina (caster)

1½ cucharaditas de cremor tártaro

1½ cucharaditas de extracto (esencia) de vainilla

Crema inglesa (página 115) o Puré de Frambuesa (página 115), para acompañar

PASTEL DE ZANAHORIA

¾ taza (85 g/3 oz) de nueces

335 g (¾ lb) de zanahorias

1¼ taza (170 g/6 oz) de harina de trigo (simple) sin blanquear

2 cucharaditas de polvo para hornear

½ cucharadita de bicarbonato de sodio y la misma cantidad de sal

1 cucharadita de canela molida

½ cucharadita de nuez moscada recién rallada (vea explicación a la derecha)

2 huevos grandes

1⅓ tazas (225 g/8 oz) compactas de azúcar morena

½ taza (110 ml/4 oz) de leche

½ taza (110 ml/4 fl oz) de mantequilla sin sal, derretida y a temperatura ambiente

½ taza (70 g/2½ oz) de uvas pasas secas

PARA EL BETÚN:

110 g (4 oz) de queso crema

2 cucharadas de mantequilla

¾ taza (85 g/3 oz) de azúcar glass

¾ cucharadita de extracto (esencia) de vainilla

Tueste ligeramente las nueces (página 47) y muélalas grueso; reserve. Pele las zanahorias y corte en rebanadas de 12 mm (½ in).

Llene una olla grande con agua hasta sus tres cuartas partes y hierva. Agregue las zanahorias y cocine de 10 a 15 minutos, hasta suavizar. Escurra y deje enfriar. En un procesador de alimentos, haga un puré con las zanahorias cocidas. Deberá obtener aproximadamente 1 taza (225 ml/ 8 fl oz) de puré.

Precaliente el horno a 180ºC (350ºF). Cubra la base de un molde cuadrado para hornear de 20 cm (8 in) con papel encerado (para repostería).

Cierna la harina con el polvo para hornear, bicarbonato de sodio, sal, canela y nuez moscada sobre una hoja de papel encerado; reserve.

En un tazón grande, bata los huevos y el azúcar morena hasta integrar. Incorpore la leche y la mantequilla derretida. Agregue los ingredientes secos y el puré de zanahoria. Usando una espátula grande de goma, integre las nueces y las uvas pasas.

Vierta la masa en el molde preparado y empareje la superficie. Hornee de 45 a 50 minutos, hasta dorar ligeramente y que al insertar un palillo en el centro éste salga limpio. Deje enfriar totalmente sobre una rejilla de alambre. Pase un cuchillo de mesa alrededor de la orilla del molde e invierta el pastel sobre un platón. Retire el papel encerado.

Haga el betún usando una batidora de pie adaptada con la paleta. Bata el queso crema con la mantequilla, azúcar glass y vainilla a velocidad media hasta combinar. Usando una espátula recta para repostería, extienda el betún sobre la superficie y los lados del pastel (página 111). Si no va a servir el pastel de inmediato, refrigérelo. Retírelo del refrigerador 30 minutos antes de servir.

RINDE 9 PORCIONES

NUEZ MOSCADA

Originaria de la India oriental, la aromática nuez moscada es una de las especias cultivadas más antiguas. Es la semilla dura de la fruta del árbol de la nuez moscada que está cubierta con una capa roja tipo encaje que se cultiva como otra especia, la macis. Una vez que la nuez moscada se ralla, sus aceites volátiles rápidamente se evaporan y su sabor disminuye, por lo que recomendamos comprar nueces moscadas enteras, en vez de las ya molidas, y rallarlas conforme sea necesario. Use un rallador de nuez moscada, un utensilio con raspas finas y afiladas que tiene un compartimiento pequeño para almacenar una o dos nueces, o las raspas más finas de un rallador manual.

PASTEL DE COCO EN CAPAS

Precaliente el horno a 180°C (350°F). Cubra las bases de dos moldes redondos para pastel de 23 por 5 cm (9 x 2 in) con papel encerado (para repostería).

Cierna la harina con el polvo para hornear y la sal sobre una hoja de papel encerado; reserve. En un tazón pequeño, combine la leche de coco con la vainilla; reserve.

Usando una batidora de pie adaptada con la paleta, bata la mantequilla, a velocidad media, hasta que esté cremosa. Agregue el azúcar y bata hasta que la mezcla esté pálida y esponjosa. Integre gradualmente los huevos, batiendo cada adición hasta incorporar antes de continuar (página 10). Reduzca la velocidad a media-baja y agregue los ingredientes secos en 3 adiciones alternando con la leche de coco en 2 adiciones, empezando y terminando con los ingredientes secos. Bata hasta mezclar.

Vierta la masa en los moldes preparados y aplane la superficie. Hornee de 25 a 30 minutos, hasta que los pasteles se esponjen y que al insertar un palillo en sus centros salga limpio. Deje enfriar totalmente sobre una rejilla de alambre. Pase un cuchillo alrededor de la orilla de los moldes e invierta los pasteles sobre platos.

Para decorar el pastel, coloque una capa de pastel sobre un platón, poniendo la parte superior hacia abajo. Retire el papel encerado. En un tazón pequeño, mezcle una cuarta parte del coco con aproximadamente una tercera parte del betún y, usando una espátula recta para repostería, cubra uniformemente la superficie. Invierta la otra capa de pastel, colocando la parte superior hacia abajo, sobre la primera capa y retire el papel. Refrigere el pastel 30 minutos para que el betún quede firme; conserve el betún restante a temperatura ambiente. Extienda el betún sobre la superficie y los lados del pastel (página 111). Presione el coco restante sobre los lados del pastel. Refrigere el pastel hasta 30 minutos antes de servirlo para que el betún tome consistencia.

RINDE DE 10 A 12 PORCIONES

COCO

La leche de coco, que se hace al remojar coco rallado en agua, se vende en latas o congelado en las tiendas de abarrotes bien surtidas. Se puede encontrar en dos presentaciones, con grasa y baja en grasa (use la primera para esta receta). No la confunda con la crema de coco dulce que algunas veces es etiquetada "crema de coco". Use coco deshidratado o seco para el betún y para decorar las orillas del pastel. Para tostar el coco seco, extienda sobre un molde para hornear cubierto con papel encerado (para repostería) y tueste en el horno a 180°C (350°F) aproximadamente durante 3 minutos.

2 tazas (250 g/9 oz) de harina de trigo (simple) sin blanquear

2 cucharaditas de polvo para hornear

¼ cucharadita de sal

½ taza (110 ml/4 fl oz) de leche de coco, a temperatura ambiente

2 cucharaditas de extracto (esencia) de vainilla

1 taza (225 g/8 oz) de mantequilla sin sal, a temperatura ambiente

1½ tazas (300 g/10½ oz) de azúcar

4 huevos grandes, a temperatura ambiente, ligeramente batidos

1 taza (70 g/2½ oz) de coco rallado sin endulzantes

Betún de Vainilla (página 115)

VOLTEADO DE PIÑA

½ taza (110 g/4 oz) más 2 cucharadas de mantequilla sin sal, a temperatura ambiente

1¼ tazas (250 g/9 oz) de azúcar

5 rebanadas de piña fresca sin cáscara, cada una de 12 mm (½ in) de grueso, sin corazón y cortadas en cuartos (vea explicación a la derecha)

1½ tazas (200 g/7 oz) de harina de trigo (simple) sin blanquear

1½ cucharadita de polvo para hornear

¼ cucharadita de sal

2 huevos grandes, a temperatura ambiente, ligeramente batidos

¾ taza (170 ml/6 fl oz) de buttermilk o yogurt, a temperatura ambiente

1 cucharada de ron oscuro

Coloque un molde redondo y grueso de aluminio de 23 por 7.5 cm (9 x 3 in) sobre calor medio y derrita 2 cucharadas de mantequilla. Agregue ½ taza (100 g/3½ oz) del azúcar y caliente, moviendo ocasionalmente, de 5 a 7 minutos, hasta que el azúcar se derrita y se torne café claro. Agregue la piña y acomode las rebanadas en forma decorativa. Cocine, sin mover, aproximadamente 5 minutos, hasta que la piña suelte su jugo y el azúcar se vuelva color caramelo.

Precaliente el horno a 180°C (350°F). Cierna la harina con el polvo para hornear y la sal sobre una hoja de papel encerado, reserve.

Usando una batidora de pie adaptada con la paleta, bata la ½ taza de mantequilla, a velocidad media, hasta que esté cremosa. Agregue ¾ de taza (150 g/5½ oz) de azúcar y bata hasta que la mezcla esté pálida y esponjosa. Gradualmente incorpore los huevos, batiendo cada adición hasta incorporar antes de continuar (página 10). Reduzca la velocidad a media-baja y agregue los ingredientes secos en 3 adiciones alternando con la buttermilk o yogurt en 2 adiciones, empezando y terminando con los ingredientes secos. Bata hasta mezclar. Incorpore el ron.

Vierta la masa sobre la piña y extiéndala uniformemente hacia las orillas. Hornee de 30 a 40 minutos, hasta que se dore la superficie. Deje enfriar sobre una rejilla de alambre durante 10 minutos.

Pase un cuchillo de mesa alrededor de la orilla del molde y agítelo para asegurarse de que el pastel no se haya quedado pegado a la base. (Si estuviera pegado, coloque el molde sobre calor bajo y caliente de 1 a 2 minutos, agitando suavemente el molde hasta que se despegue el pastel.) Coloque un platón para servir invertido sobre el molde. Usando guantes para horno, invierta el platón al mismo tiempo que el molde. Levante el molde. Retire todos los trozos de piña que se hayan pegado al molde y acomódelos sobre el pastel. Sirva a temperatura ambiente.

RINDE DE 8 A 10 PORCIONES

PREPARANDO PIÑA

Una piña madura es aromática y dorada y da de sí ligeramente si se presiona. Para retirar la cáscara, corte las hojas verdes y una rebanada delgada de la parte inferior. Coloque la fruta en posición vertical y, usando un cuchillo grande y filoso, retire la cáscara en tiras verticales. Coloque la piña sobre un costado y alinee el cuchillo con las tiras diagonales de "ojos" de color café. Trabajando en espiral, corte en ángulo sobre cada lado de los ojos para retirarlos. Para rebanar la fruta, corte a lo ancho. Retire el corazón de cada rebanada con un molde pequeño para galletas, un descorazonador de manzanas o un cuchillo desmondador.

PASTEL SELVA NEGRA

Precaliente el horno a 180ºC (350ºF). Cubra la base de un molde redondo para pastel de 23 por 7.5 cm (9 x 3 in) con papel encerado (para repostería).

Cierna la harina con la cocoa sobre una hoja de papel encerado; reserve. Usando una batidora de pie adaptada con el batidor, bata los huevos con la vainilla y el azúcar granulada a velocidad alta, aproximadamente durante 5 minutos, hasta triplicar su volumen. Retire el tazón de la batidora. Cierna los ingredientes secos sobre la mezcla de huevo en 2 adiciones e integre cuidadosamente con movimiento envolvente usando una espátula grande de goma. Incorpore una cucharada grande de esta mezcla con la mantequilla derretida e integre una vez más con la mezcla de huevo. Vierta en el molde preparado y empareje la superficie. Hornee de 30 a 35 minutos, hasta que se esponje el pastel. Deje enfriar por completo sobre una rejilla de alambre.

Mientras tanto, haga el relleno y betún: Bata la crema con el azúcar glass hasta que se formen picos medio-duros (página 80). En un tazón pequeño, combine el kirsch con la miel de azúcar.

Pase un cuchillo de mesa alrededor de la orilla del molde y desmolde el pastel sobre una superficie de trabajo. Voltee, dejando el papel encerado. Corte el pastel en 3 capas iguales (página 48). Coloque la capa superior, con la parte cortada hacia arriba, sobre un platón de servicio. Cubra con un poco de miel y aproximadamente una cuarta parte de la crema batida. Reparta las cerezas sobre la crema (reserve una para adornar), dejando un margen de 12 mm (½ in) en la orilla del pastel. Coloque la capa central de pastel sobre la crema. Barnice con un poco de miel y cubra con otra cuarta parte de la crema. Coloque la tercera capa, con su lado cortado hacia abajo, sobre la crema y retire el papel. Barnice con la miel restante. Cubra la superficie y los lados del pastel con la crema batida restante (página 111).

Presione los rizos de chocolate sobre el pastel. Coloque la cereza reservada en el centro. Refrigere hasta el momento de servir.

RINDE DE 8 A 10 PORCIONES

CEREZAS COCIDAS

Un relleno de cerezas y crema batida con sabor a kirsh es un elemento importante en este pastel clásico de Alemania. Para cocer las cerezas, hierva 1¼ tazas (390 ml/14 fl oz) de agua en un cazo pequeño sobre calor medio con ⅓ de taza (70 g/2½ oz) de azúcar granulada, moviendo ocasionalmente. Agregue 1 taza (170 g/6 oz) de cerezas Bing u otro tipo de cerezas oscuras sin hueso. Reduzca la temperatura a baja y cocine cerca de 10 minutos, hasta suavizar. Deje enfriar, escurra; deseche la miel. Se pueden usar cerezas congeladas o en conserva. Cocine las cerezas congeladas como se indica anteriormente. Las cerezas en conserva ya vienen cocidas.

½ taza (60 g/2 oz) de harina preparada para pastel (de trigo suave)

½ taza (60 g/2 oz) de cocoa en polvo estilo holandés (página 13)

6 huevos grandes, a temperatura ambiente

1 cucharadita de extracto (esencia) de vainilla

¾ taza (155 g/5½ oz) de azúcar granulada

½ taza (110 g/4 oz) de mantequilla sin sal, derretida y a temperatura ambiente

PARA EL RELLENO Y EL BETÚN:

2½ tazas (560 ml/20 fl oz) de crema espesa (doble) o crema dulce

2 cucharadas de azúcar glass

1 cucharadita de kirsch

Miel de Azúcar (página 55)

Cerezas cocidas (vea explicación a la izquierda)

Rizos de chocolate semi-amargo (simple) (página 102)

LINZERTORTE

1½ tazas (200 g/7 oz) de harina de trigo (simple) sin blanquear

¼ cucharadita de canela molida

⅛ cucharadita de clavo molido

¼ cucharadita de sal

1 limón

1 taza (155 g/5½ oz) de almendras enteras, sin cáscara

1 taza (100 g/3½ oz) de azúcar glass, más la necesaria para espolvorear

¾ taza (170 g/6 oz) de mantequilla sin sal, a temperatura ambiente

3 yemas de huevos grandes

1½ tazas (500 g/18 oz) de jalea de frambuesa

1 cucharada de leche

Cierna la harina con la canela, clavos y sal sobre un tazón. Usando las raspas más finas de un rallador manual, ralle la cáscara de un limón sobre el tazón. Reserve. En un procesador de alimentos, muela las almendras con 1 taza de azúcar glass hasta moler finamente. Reserve.

Usando una batidora de pie adaptada con la paleta, bata la mantequilla, a velocidad media, hasta que esté cremosa. Integre la mezcla de almendras y las 2 yemas de huevo. Reduzca a velocidad baja, agregue los ingredientes secos y bata hasta combinar. Extienda aproximadamente una tercera parte de la masa formando un círculo, envuelva con plástico y refrigere. Engrase con mantequilla un molde para tarta con orilla ondulada de 23 por 2.5 cm (9 x 1 in) con base desmontable. Usando sus dedos, presione la masa restante sobre la base y lados del molde, dejando un sobrante de 12 mm (½ in) sobre la orilla. Si la masa está demasiado suave y pegajosa, refrigérela hasta que esté lo suficientemente firme para continuar. Cubra la masa con la jalea.

Sobre una superficie ligeramente enharinada, extienda la masa fría haciendo un rectángulo de 23 cm (9 in) de largo y 6 mm (¼ in) de espesor. Usando un cortador ondulado para pasta, corte 6 tiras de 2.5 cm (1 in) de ancho; 2 de ellas deben ser de 23 cm (9 in) de largo y las otras ligeramente más cortas. Coloque las tiras sobre la tarta (vea explicación a la derecha), recortando las orillas. Doble la masa sobrante de la orilla sobre el relleno y las tiras. Presione para sellar las orillas. Coloque la tarta en el congelador durante 20 minutos. Precaliente el horno a 180ºC (350ºF).

En un tazón pequeño, bata la yema de huevo restante con la leche. Barnice la masa con la mezcla de huevo. Hornee 45 a 55 minutos, hasta que la costra se dore y la jalea burbujee. Deje enfriar sobre una rejilla de alambre hasta que la tarta esté ligeramente tibia. Retire los lados del molde. Pase un cuchillo delgado entre la tarta y la base del molde. Pase la tarta a un platón de servicio y deje enfriar totalmente. Justo antes de servir, espolvoree con el azúcar glass, si lo desea.

RINDE DE 8 A 10 PORCIONES

COSTRA ENREJADA

Una especialidad del siglo XVIII del pueblo austriaco de Linz, la deliciosa Linzertorte de almendras, se puede identificar por su superficie enrejada. Para hacer el enrejado, extienda la masa y corte en tiras, como se indica en la receta. Coloque una tira larga a lo ancho del centro de la tarta. Coloque las tiras más cortas sobre cada lado de las tiras centrales, equidistantes de la tira central y la orilla de la tarta. Coloque la segunda tira larga diagonalmente a lo ancho de las primeras tiras, una vez más empezando en el centro de la tarta. Coloque las tiras restantes más cortas a ambos lados y siga las demás instrucciones.

PASTELES SENCILLOS

Todos necesitamos algunas recetas de pastel en nuestro repertorio que puedan hacerse rápidamente para una fiesta inesperada o como un agasajo para la familia. Este capítulo presenta recetas para cualquier época del año en una variedad de sabores, incluyendo los panqués de chocolate, un pastel de almendras horneado en un molde Bundt, una tarta deliciosa de chocolate y un pastel aromático de especias relleno con uvas pasas.

PASTEL DE MANZANA CON CANELA

Precaliente el horno a 165ºC (325ºF). Engrase con bastante mantequilla un molde para brioche con capacidad de 5 tazas (1.1 l/40 fl oz). Cierna la harina con la sal, canela, nuez moscada y polvo para hornear sobre una hoja de papel encerado; reserve.

Usando una batidora de pie adaptada con la paleta, bata la mantequilla, a velocidad media, hasta que esté cremosa. Agregue el azúcar morena y bata hasta que la mezcla esté pálida y esponjosa. Integre gradualmente los huevos, batiendo cada adición hasta incorporar antes de continuar (página 10). Reduzca la velocidad de la batidora a media-baja y agregue los ingredientes secos en 3 adiciones alternando con el puré de manzana en 2 adiciones, empezando y terminando con los ingredientes secos. Bata hasta mezclar. Con una espátula grande de goma, integre las nueces con movimiento envolvente.

Vierta la masa en el molde preparado y empareje la superficie. Hornee 40 minutos y cubra con papel aluminio. Continúe horneando de 20 a 25 minutos más, hasta que se esponje el pastel y que un palillo insertado en el centro salga limpio. Deje enfriar sobre una rejilla de alambre hasta que pueda tocar el molde. Golpee el molde sobre una mesa para desprender el pastel, invierta hacia un platón de servicio.

Mientras tanto, para hacer el betún, mezcle en un tazón la crema agria, el azúcar glass y la canela.

Sirva cada rebanada con una cucharada de crema agria.

RINDE 8 PORCIONES

MOLDE DE BRIOCHE

Al hornear este pastel de puré de manzana con especias en un molde tradicional de brioche, el cual es redondo y ondulado y más ancho en la parte superior que en la inferior, le da al pastel la misma forma que caracteriza al popular pan francés hecho de levadura que se sirve en el desayuno y lleva el nombre de este tipo de molde. Estos moldes, que se pueden encontrar en gran variedad de tamaños, fueron introducidos en el siglo XIX (aunque la masa de brioche enriquecida con huevo y mantequilla ha existido desde mucho tiempo antes).

1½ taza (200 g/7 oz) de harina de trigo (simple) sin blanquear

¼ cucharadita de sal

1½ cucharaditas de canela molida

½ cucharadita de nuez moscada, recién molida (página 17)

1½ cucharaditas de polvo para hornear

½ taza (110 g/4 oz) de mantequilla sin sal, a temperatura ambiente

1¼ tazas (210 g/7½ oz) compacta de azúcar morena

2 huevos grandes, a temperatura ambiente, ligeramente batidos

¾ taza (200 g/7 oz) de puré de manzana suave sin endulzantes, a temperatura ambiente

½ taza (60 g/2 oz) de nueces, ligeramente tostadas (página 47) y picadas grueso

PARA EL BETÚN DE CREMA AGRIA:

1 taza ((225 g/8 oz) de crema agria

1 cucharada de azúcar glass

¼ cucharadita de canela molida

PANQUÉ DE CAFÉ

1½ taza (20 g/7 oz) de harina de trigo (simple) sin blanquear

1 cucharadita de polvo para hornear

¼ cucharadita de sal

1 cucharada de granos de café tostado oscuro, finamente molidos (vea explicación a la derecha)

1 limón

⅔ taza (140 g/5 oz) de mantequilla sin sal, a temperatura ambiente

1 taza (200 g/7 oz) de azúcar

2 huevos grandes, a temperatura ambiente, ligeramente batidos

⅓ taza (80 ml/3 fl oz) de buttermilk o yogurt, a temperatura ambiente

Precaliente el horno a 180°C (350°F). Engrase con bastante mantequilla un molde para barra de 21.5 por 11.5 cm (8½ x 4½ in).Cierna la harina con el polvo para hornear y la sal sobre un tazón. Integre el café molido. Usando las raspas más delgadas de un rallador manual, ralle la cáscara de un limón sobre el tazón. Reserve.Usando una batidora de pie adaptada con la paleta, bata la mantequilla, a velocidad media, hasta que esté cremosa. Agregue el azúcar y bata hasta que la mezcla esté pálida y esponjosa. Integre gradualmente los huevos, batiendo cada adición hasta incorporar antes de continuar (página 10). Reduzca la velocidad a media-baja y agregue los ingredientes secos en 3 adiciones alternando con la buttermilk o yogurt en 2 adiciones, empezando y terminando con los ingredientes secos. Bata hasta mezclar. Vierta la masa en el molde preparado y aplane la superficie. Hornee de 50 a 60 minutos, hasta que el pastel se dore y esponje, y que al insertar un palillo en el centro éste salga limpio. Deje enfriar totalmente sobre una rejilla de alambre. Pase un cuchillo de mesa alrededor de la orilla del molde y voltee el pastel sobre un platón. Coloque el pastel con la parte superior hacia arriba.

Para Servir: Pruebe este panqué en su desayuno o para acompañar una taza de té en la tarde.

RINDE DE 8 A 10 PORCIONES

CAFÉ

Muchas recetas de pastel con sabor a café piden café instantáneo, pero este panqué usa granos asados y molidos para obtener un sabor a café más fuerte. Elija granos tostado oscuro, como el estilo francés, italiano o espresso y cómprelos en alguna tienda que tueste granos frecuentemente y tenga movimiento en su inventario. Para obtener el mejor sabor, muela los granos hasta lograr el polvo más fino que se pueda. Si no tiene un molino de café, compre los granos de café el día que vaya a hacer este panqué y pida que se los muelan en la tienda.

PANQUECITOS DE CHOCOLATE Y NARANJA

Precaliente el horno a 180ºC (350ºF). Cubra 12 moldes para panqué con papeles para panqué.

En un tazón pequeño, mezcle la cocoa en polvo con el agua caliente hasta que se disuelva; reserve. Cierna la harina con el polvo para hornear, el bicarbonato de sodio y la sal sobre un tazón. Usando las raspas más finas de un rallador manual, ralle la cáscara de una naranja hacia el tazón. Reserve.

En un tazón grande, bata los huevos con el azúcar granulada hasta mezclar. Integre la buttermilk o yogurt y la vainilla batiendo; agregue la cocoa disuelta. Siga batiendo e incorpore la mantequilla derretida y los ingredientes secos.

Usando una cuchara, divida la masa entre los moldes para panquecitos, llenando cada uno hasta la mitad. Hornee de 15 a 20 minutos, hasta que los panqués se esponjen y que al insertar un palillo en el centro éste salga limpio. Deje enfriar totalmente sobre una rejilla de alambre. Retire los panquecitos del molde.

Para hacer el betún, derrita el chocolate y deje enfriar a temperatura ambiente (vea explicación a la izquierda). Mientras tanto, usando una batidora de pie adaptada con la paleta, bata la mantequilla con el azúcar glass, a velocidad media, aproximadamente durante 3 minutos, hasta que esté cremosa y suave. Integre el chocolate derretido y bata hasta incorporar por completo. Coloque el betún en una manga de repostería adaptada con una punta en forma de estrella de 12 mm (½ in) y haga una espiral sobre cada panqué (página 98). Refrigere los panquecitos hasta 30 minutos antes de servir para que el betún tome consistencia.

RINDE 12 PANQUECITOS

DERRITIENDO EL CHOCOLATE

Para derretir chocolate, pártalo en trozos pequeños y póngalo en un tazón de acero inoxidable. Coloque el tazón sobre una olla con un poco de agua hirviendo a fuego lento, pero sin tocarla. Caliente hasta que el chocolate se derrita, moviendo ocasionalmente. No permita que el agua o el vapor entre en contacto con el chocolate, ya que se hará duro y con granos. O, pique el chocolate en trozos grandes, coloque en un plato para microondas y hornee a temperatura baja durante 1 minuto. Continúe horneando en el microondas si fuera necesario, revise cada 20 segundos, hasta que el chocolate se vea suave; mézclelo hasta que esté suave y líquido.

3 cucharadas de cocoa en polvo estilo holandés (página 13)

¼ taza (60 ml/2 fl oz) de agua caliente

1¼ taza (170 g/6 oz) de harina de trigo (simple) sin blanquear

½ cucharadita de polvo para hornear y la misma cantidad de bicarbonato de sodio

¼ cucharadita de sal

1 naranja

2 huevos grandes, a temperatura ambiente

¾ taza (155 g/5½ oz) de azúcar granulada

½ taza (110 ml/4 fl oz) de buttermilk o yogurt, a temperatura ambiente

½ cucharadita de extracto (esencia) de vainilla

¼ taza (60 g/2 oz) de mantequilla sin sal, derretida y a temperatura ambiente

PARA EL BETÚN:

170 g (6 oz) de chocolate semi-amargo

1 taza (225 g/8 oz) de mantequilla sin sal, a temperatura ambiente

2 tazas (200 g/7 oz) de azúcar glass

PASTEL DE YOGURT CON PURÉ DE DURAZNO

PARA EL PURÉ DE DURAZNO:

6 duraznos maduros, aproximadamente 670 g (1½ lb) en total, sin piel (vea explicación a la derecha)

Aproximadamente ¼ taza (60 g/2 oz) de azúcar

PARA EL PASTEL DE YOGURT:

2 tazas (250 g/9 oz) de harina de trigo (simple) sin blanquear

1½ cucharadita de polvo para hornear

¼ de cucharadita de sal

2 huevos grandes, a temperatura ambiente

1 taza (200 g/7 oz) de azúcar

1 taza (225 g/8 oz) de yogurt natural, a temperatura ambiente

½ cucharadita de extracto (esencia) de vainilla

¼ taza (60 g/2 oz) de mantequilla sin sal, derretida y a temperatura ambiente

Para hacer el puré de durazno, parta los duraznos sin piel en rebanadas. En un procesador de alimentos, haga un puré con los duraznos hasta que estén suaves. Agregue azúcar al gusto. Reserve (vea Nota).

Para hacer el pastel de yogurt, precaliente el horno a 180ºC (350ºF). Cubra la base de un molde para pastel redondo de 23 por 7.5 cm (9 x 3in) con papel encerado (para repostería).

Cierna la harina con el polvo para hornear y la sal sobre una hoja de papel encerado; reserve.

En un tazón grande, integre los huevos con el azúcar batiendo hasta integrar por completo. Incorpore el yogurt y el extracto de almendras. Integre la mantequilla derretida. Agregue, batiendo, los ingredientes secos.

Vierta la masa en el molde preparado y aplane la superficie. Hornee de 30 a 40 minutos, hasta que el pastel se esponje y dore, y que al insertar un palillo en su centro éste salga limpio. Deje enfriar totalmente sobre una rejilla de alambre. Pase un cuchillo de mesa alrededor de la orilla del molde e invierta el pastel sobre un plato. Retire el papel encerado y coloque el pastel con su lado superior hacia arriba.

Bañe cada porción con un poco de puré de durazno.

Nota: Si no sirve el pastel inmediatamente, refrigere el puré de durazno. Asegúrese de que esté a temperatura ambiente antes de usarlo.

Variación: Puede usar nectarinas con cáscara para sustituir los duraznos.

RINDE DE 8 A 10 PORCIONES

PELANDO DURAZNOS

Antes de hacer el puré de durazno, retire la cáscara blanqueándola. Hierva una olla grande con tres cuartas partes de agua; prepare un tazón con agua con hielo. Corte una X poco profunda en la punta de floración de cada durazno. Sumerja los duraznos, de dos en dos, entre 5 y 10 minutos en el agua hirviendo hasta que sus pieles empiecen a separarse de las Xs. Usando unas pinzas o una cuchara ranurada, retire los duraznos del agua y sumérjalos inmediatamente en el agua con hielo. Desprenda sus pieles. Use un cuchillo desmondador si fuera necesario.

TARTA DE CHOCOLATE CON POCA HARINA

CHOCOLATE SEMI AMARGO
Los chocolates oscuros, incluyendo el semi-amargo y el amargo, son una combinación de licor de chocolate (esencialmente el que se produce con granos de cacao), manteca de cacao adicional (además de la que se encuentra presente en forma natural en el licor) y azúcar, la cual determina su dulzura. Las marcas importadas de buena calidad, como el Valrhona, Callebaut y Scharffen Berger, son etiquetadas con el porcentaje de licor de chocolate y manteca de cacao; por ejemplo, un producto que lleva una etiqueta que indica el 70 por ciento de chocolate contiene el 70 por ciento de licor y manteca de cocoa y un 30 por ciento de azúcar.

Precaliente el horno a 350°C (180ºF). Cubra la base de un molde redondo para pastel de 23 por 7.5 cm (9 x 3 in) con papel encerado (para repostería).

Mezcle el chocolate con la mantequilla en un tazón de acero inoxidable y derrita colocando el tazón sobre agua hirviendo ligeramente a fuego lento, sin tocarla (página 32). Retire del calor y bata para integrar. Incorpore ⅔ taza (125 g/4½ oz) del azúcar super fina y las yemas de huevo. Agregue la harina y la sal. Reserve.

Usando una batidora de pie adaptada con el batidor, bata las claras de huevo, a velocidad media, hasta que empiecen a esponjarse. Agregue una tercera parte del ⅓ de taza restante (75 g/2½ oz) de azúcar super fina y bata hasta que las claras estén opacas; agregue otra tercera parte del azúcar. Cuando las claras empiecen a aumentar su volumen y a endurecerse, agregue el azúcar restante y aumente la velocidad a alta. Bata hasta que las claras formen picos suaves, pero aún se vean húmedas (página 14). Usando una espátula grande de goma, integre cuidadosamente una tercera parte de las claras con la mezcla de chocolate usando movimiento envolvente. Incorpore las claras restantes.

Vierta la masa en el molde preparado y empareje la superficie. Hornee de 35 a 40 minutos, hasta que al introducir un palillo en el centro éste salga limpio o con unos cuantos grumos. Deje enfriar la tarta totalmente sobre una rejilla de alambre. Pase un cuchillo de mesa alrededor de la orilla del molde e invierta la tarta sobre un platón. Retire el papel encerado.

Decore la tarta con azúcar glass y cocoa en polvo, creando un diseño de dos tonos (página 94). Para servir, decore los platos individuales con puré de frambuesa y coloque una rebanada de la tarta en cada plato.

RINDE 8 PORCIONES

200 g (7 oz) de chocolate semi-amargo al 70 por ciento (vea explicación a la izquierda), finamente picado

14 cucharadas (200 g/7 oz) de mantequilla sin sal, cortada en trozos

1 taza (200 g/7 oz) de azúcar super fina (caster)

5 huevos grandes, separados, a temperatura ambiente

2 cucharadas de harina de trigo (simple) sin blanquear

⅛ cucharadita de sal

Azúcar glass, para espolvorear

Cocoa amarga en polvo estilo holandés (página 13), para espolvorear

Puré de Frambuesa (página 115), para servir

PASTEL DE ALMENDRAS

2 tazas (250 g/9oz) de harina de trigo (simple) sin blanquear

1½ cucharadita de polvo para hornear

¼ cucharadita de sal

200 g (7 oz) de pasta de almendra (vea explicación a la derecha)

¾ taza (170 g/6 oz) de mantequilla sin sal, a temperatura ambiente

1 taza (200 g/7 oz) de azúcar

1 cucharadita de extracto (esencia) de vainilla

3 huevos grandes, a temperatura ambiente, ligeramente batidos

½ taza (110 ml/4 fl oz) de buttermilk o yogurt, a temperatura ambiente

Precaliente el horno a 180ºC (350º F). Engrase con bastante mantequilla un molde para Bundt con capacidad de 9 tazas (2 l/72 fl oz).

Cierna la harina con el polvo para hornear y la sal sobre una hoja de papel encerado; reserve.

Usando una batidora de pie adaptada con la paleta, bata la pasta de almendras con la mantequilla, a velocidad media, hasta que se mezclen. Agregue el azúcar y bata hasta que la mezcla se torne pálida y esponjosa. Integre, batiendo, el extracto de vainilla. Incorpore gradualmente los huevos, batiendo después de cada adición hasta incorporar antes de continuar (página 10). Reduzca la velocidad a media-baja y agregue los ingredientes secos en 3 adiciones, alternando con la buttermilk o yogurt en 2 adiciones, empezando y terminando con los ingredientes secos. Bata hasta mezclar.

Vierta la masa en el molde preparado y aplane la superficie. Hornee de 40 a 50 minutos, hasta que el pastel se dore y esponje, y que al insertar un palillo en el centro éste salga limpio. Deje enfriar totalmente sobre una rejilla de alambre. Golpee el molde sobre un mueble para desprender el pastel, invierta sobre un platón.

Para Servir: Sirva este pastel con rebanadas de fruta madura, como duraznos y ciruelas o con rebanadas de peras

RINDE DE 8 A 10 PORCIONES

PASTA DE ALMENDRAS

La pasta de almendras es una mezcla de almendras dulces molidas, agua, azúcar y glucosa cocidas hasta formar una pasta. Las mejores pastas, que se venden en empaques de 200 g (7 oz) en tiendas de abarrotes, tienen por lo menos el 50 por ciento de almendras. Agregan humedad a los pasteles y demás postres además de impartir un característico sabor a almendra que no se logra al moler las almendras por sí solas. El mazapán se parece a la pasta de almendras, pero contiene un porcentaje más elevado de azúcar, lo cual proporciona un menor sabor a almendras. Además es más maleable, lo que lo hace popular para extenderlo en láminas y cubrir pasteles.

PASTEL DE ESPECIAS CON PASAS

Precaliente el horno a 180ºC (350ºF). Cubra la base de un molde redondo para pastel de 23 por 7.5 cm (9 x 3 in) con papel encerado (para repostería).

Cierna la harina con el polvo para hornear, semillas de cilantro, pimienta de jamaica, sal, canela y pimienta de cayena sobre una hoja de papel encerado; reserve. En un tazón pequeño, combine la leche con la vainilla; reserve.

Usando una batidora de pie adaptada con la paleta, bata ¾ de taza de mantequilla, a velocidad media, hasta que esté cremosa. Agregue el azúcar morena y la ½ taza de azúcar granulada y bata hasta que la mezcla se torne pálida y esponjosa. Integre gradualmente los huevos, batiendo después de cada adición hasta incorporar antes de continuar (página 10). Reduzca la velocidad a media-baja y agregue los ingredientes secos en 3 adiciones alternando con la mezcla de leche en 2 adiciones, empezando y terminando con los ingredientes secos. Bata hasta mezclar. Incorpore las uvas pasas.

Vierta la masa en el molde preparado y empareje la superficie. Hornee de 35 a 40 minutos, hasta que el pastel se dore y esponje, y que al introducir un palillo en el centro éste salga limpio. Deje enfriar por completo sobre una rejilla de alambre colocada sobre una hoja de papel encerado. Pase un cuchillo de mesa alrededor de la orilla del molde e invierta el pastel sobre la rejilla. Retire el papel encerado y voltee el pastel colocando la parte superior hacia arriba.

En una olla pequeña, combine las 2 cucharadas de azúcar granulada, la miel y la cucharada de mantequilla. Hierva sobre calor medio, moviendo constantemente y cocine aproximadamente durante 3 minutos para hacer un glaseado. Vierta sobre el pastel. Con una espátula angular pequeña para repostería, empareje el glaseado sobre el pastel y sus lados. Pase el pastel a un platón.

Variación: Otras frutas secas, como las pasitas, arándanos o cerezas se pueden usar para sustituir las sultanas.

RINDE DE 8 A 10 PORCIONES

ESPECIAS

El cilantro y la pimienta de cayena son sazonadores no usados comúnmente en recetas de postres, pero en este pastel le agregan un sabor natural muy intrigante y, en el caso de la pimienta de cayena, una chispa sutil que se contrabalancea de forma agradable con el glaseado de miel. Debido a que las especias molidas pierden su sabor con el tiempo, cómprelas en pequeñas cantidades. Incluso, sería mejor invertir en un molino de café económico y usarlo exclusivamente para moler especias enteras, incluyendo las de este pastel, justo antes de usarlas. Un mortero con su mano y un poco de esfuerzo también podrán moler las especias enteras para pulverizarlas.

2 tazas (250 g/9 oz) de harina de trigo (simple) sin blanquear

2 cucharaditas de polvo para hornear

¾ de cucharadita de semillas de cilantro molidas y la misma cantidad de pimienta de jamaica (allspice)

½ cucharadita de sal y la misma cantidad de canela molida

¼ cucharadita de pimienta de cayena

¾ taza (170 ml/6 fl oz) de leche, a temperatura ambiente

1 cucharadita de extracto (esencia) de vainilla

¾ taza (170 g/6 oz) más 1 cucharada de mantequilla sin sal, a temperatura ambiente

1 taza (170 g/6 oz) compacta de azúcar morena

½ taza (100 g/3½ oz) más 2 cucharadas de azúcar granulada

2 huevos grandes, a temperatura ambiente, ligeramente batidos

½ taza (60 g/2 oz) de uvas pasas doradas (sultanas)

¼ taza (60 g/2 oz) de miel de abeja

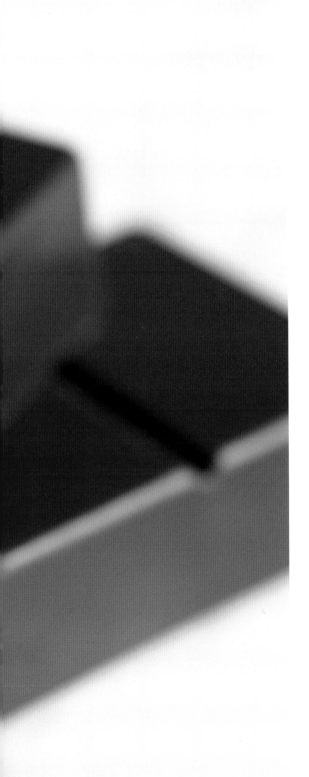

PASTELES ELEGANTES

Un deslumbrante postre con categoría, le ayudará a celebrar con estilo. El pastel de chocolate y almendras así como el pastel de avellana convencerán a los más ardientes amantes del chocolate, mientras que los vacherins, merengues o duquesas individuales serán un elegante final para una refinada comida. Todos estos postres pueden hacerse con anticipación, por lo que podrá estar libre y gozar de su celebración

PASTEL DE CHOCOLATE Y ALMENDRAS
CON SALSA DE CARAMELO

Precaliente el horno a 165ºC (325ºF). Engrase con mantequilla y enharine un molde para rosca estilo savarin (página 112) de 24 cm (9½ in).

Combine el chocolate con la mantequilla en un tazón de acero inoxidable y derrítalo colocando el tazón sobre agua hirviendo a fuego lento, pero sin tocarla (página 32). Retire del calor y bata hasta mezclar. Integre ¾ de taza (140 g/5 oz) del azúcar super fina, las yemas de huevo y el extracto de almendras. En un procesador de alimentos, mezcle la harina, sal y almendras hasta que estén finamente molidas; no muela demasiado. Bata la mezcla de harina con la mezcla de chocolate.

Usando una batidora de pie adaptada con el batidor, bata las claras de huevo, a velocidad media, hasta que empiecen a esponjarse. Agregue una tercera parte del ¼ de taza restante (60 g/2 oz) del azúcar super fina y bata hasta que las claras estén opacas; agregue otra tercera parte del azúcar. Cuando las claras empiecen a aumentar su volumen y a tornarse firmes, agregue el azúcar restante y aumente la velocidad a alta. Bata hasta que las claras formen picos suaves pero aún se vean húmedas (página 14). Usando una espátula grande de goma, mezcle con cuidado y en un movimiento envolvente una tercera parte de las claras con la mezcla de chocolate, e integre las claras restantes de la misma forma (vea explicación a la izquierda).

Vierta la masa en el molde preparado y empareje la superficie. Hornee de 40 a 45 minutos, hasta que el pastel se esponje y que al insertar un palillo en su centro éste salga limpio o con algunas migas. Deje enfriar sobre una rejilla de alambre hasta que esté a temperatura ambiente. Pase un cuchillo de mesa alrededor de las orillas del molde y golpee la base para desprender el pastel. Invierta el pastel sobre un platón.

Justo antes de servir, espolvoree el pastel con azúcar glass, usando una coladera de malla fina, y bañe con la salsa de caramelo.

RINDE DE 8 A 10 PORCIONES

MOVIMIENTO ENVOLVENTE
Es el proceso usado para combinar dos mezclas o ingredientes de diferentes densidades, como una masa pesada y las claras de huevo: Agregue una tercera parte de las claras al centro de la masa. Usando una espátula grande de goma, llévela hasta abajo del tazón entre las claras y llévela hacia arriba en movimiento circular, levantando un poco de masa al subirla. Gire el tazón un cuarto de vuelta. Repita la operación, girando el tazón después de cada movimiento, justo hasta que las claras se incorporen. Una vez que la masa esté ligera, integre las claras restantes en movimiento envolvente.

200 g (7 oz) de chocolate semi-amargo al 70%, finamente picado (página 36)

¾ taza (170 g/6 oz) de mantequilla sin sal, cortada en trozos

1 taza (200 g/7 oz) de azúcar super fina (caster)

4 huevos grandes, separados, a temperatura ambiente

½ cucharadita de extracto (esencia) de almendra

¼ taza (30 g/1 oz) más 1 cucharada de harina preparada para pastel (de trigo suave)

¼ cucharadita de sal

½ taza (85 g/3 oz) de almendras enteras blanqueadas y ligeramente tostadas (página 47)

Azúcar glass, para espolvorear

Salsa de Caramelo (página 114), fría, para acompañar

DUQUESAS DE AVELLANA

1¾ taza (270 g/9½ oz) de avellanas (filberts), tostadas (vea explicación a la derecha)

2¼ taza (225 g/8 oz) de azúcar glass, más la necesaria para espolvorear

3 claras de huevos grandes, a temperatura ambiente

¼ taza (60 g/2 oz) de azúcar granulada

⅔ taza (140 g/5 oz) más 1 cucharada de mantequilla sin sal, a temperatura ambiente

2 cucharadas de Cognac

Crema Pastelera (pagina 113), fría

Precaliente el horno a 150ºC (300ºF). Sobre una hoja de papel encerado (para repostería), dibuje 16 círculos de 6 cm (2½ in) de diámetro cada uno dejando una separación de 4 cm (1½ in) entre ellos. Coloque el papel sobre una charola para hornear de 30 x 45 x 2.5 cm (12 x 18 x 1 in).

En un procesador de alimentos, mezcle ⅔ de taza (100 g/3½ oz) de las avellanas y 1 taza (100 g/3½ oz) del azúcar glass y muela finamente. Usando una batidora de pie adaptada con el batidor, bata las claras de huevo, a velocidad media, hasta que empiecen a esponjarse. Agregue una tercera parte del azúcar granulada y bata hasta que las claras estén opacas; incorpore otra tercera parte del azúcar. Cuando las claras empiecen a tornarse firmes, agregue el azúcar restante y aumente a velocidad alta. Bata hasta que las claras formen picos firmes pero aún se vean húmedas (página 14). Integre cuidadosamente la mezcla de avellana en 2 adiciones. Llene una manga de repostería adaptada con una punta sencilla de 1 cm (⅜ in) con la mezcla (página 98). Empezando en el centro de cada círculo, haga una espiral continua y llene los círculos. Espolvoree los discos de merengue con azúcar glass. Hornee de 45 a 50 minutos, hasta que los discos estén dorados y firmes. Pase los discos, aún sobre el papel, a una rejilla de alambre.

Usando una batidora de pie adaptada con la paleta, bata la mantequilla a velocidad media hasta que esté cremosa. En un procesador de alimentos, mezcle ¾ de taza (110 g/4 oz) de las avellanas y 1¼ de taza (125 g/4½ oz) restante de azúcar glass, hasta que esté finamente molida. Agregue a la mantequilla y bata hasta espesar. Integre el Cognac. Reduzca la velocidad a media-baja e integre la crema pastelera, batiendo, en 4 adiciones.

Coloque la mitad del relleno en una manga de repostería adaptada con una punta sencilla de 1 cm (⅜ in). Coloque la mezcla sobre 8 merengues, repartiéndola uniformemente. Presione los merengues restantes sobre ellos. Congele 30 minutos. Usando una espátula, cubra los lados con el relleno restante. Pique el ⅓ de taza (60 g/2 oz) de avellanas restante; extiéndalas sobre papel encerado. Pase cada merengue por las avellanas para cubrir sus lados. Refrigere hasta el momento de servir.

RINDE 8 PORCIONES

TOSTANDO AVELLANAS

Cuando las nueces se tuestan su sabor aumenta ligeramente. Al tostar avellanas también desprende sus pieles. Extienda las nueces en una sola capa sobre una charola para hornear cubierta de papel encerado (para repostería) y tueste en un horno precalentado a 180ºC (350ºF) unos 8 minutos, hasta que las pieles empiecen a oscurecerse y arrugarse. Cuando enfríen lo suficiente para poder tocarlas, envuélvalas en toallas de cocina y frotelas vigorosamente para retirar sus pieles. No se quitarán por completo. Tueste las nueces en mitades o en trozos, así como las almendras enteras o rebanadas (hojuelas) del mismo modo. Sin embargo, las almendras rebanadas tardarán menos tiempo. Revíselas después de 4 minutos.

CLOCHE CAFÉ

CORTANDO
PASTELES EN CAPAS

Los palillos de madera son una excelente guía para cortar un pastel en capas. Usando una regla, inserte palillos de madera a intervalos regulares alrededor del pastel, dividiéndolo en 2, 3 o hasta 4 capas horizontales. Poniendo una mano sobre el pastel y usando un cuchillo largo con cuchilla de sierra, colocado justo sobre la línea de los palillos que marcan la capa, corte el pastel usando un movimiento uniforme. Levante la capa superior y cuidadosamente colóquela a un lado; retire la hilera de palillos que usó como guía. Si el pastel tiene más de 2 capas, repita la operación para cortar las demás capas.

Precaliente el horno a 180ºC (350ºF). Engrase con bastante mantequilla un molde de carlota con capacidad de 6 tazas (1.5 l/48 fl oz). Usando una batidora de pie, bata las claras de huevo con el batidor a velocidad media, hasta que empiecen a esponjarse. Agregue una tercera parte del azúcar granulada y bata hasta que las claras estén opacas; agregue otra tercera parte del azúcar. Cuando las claras empiecen a tornarse firmes y a aumentar su volumen, agregue el azúcar restante y aumente la velocidad a alta. Bata hasta que las claras formen picos suaves pero aún se vean húmedas (página 14). En otro tazón, bata las yemas a mano hasta mezclar. Usando una espátula grande de goma mezcle las yemas con las claras usando movimiento envolvente. Cierna la harina sobre la mezcla de huevo en 2 adiciones e integre con movimiento envolvente.

Vierta la masa en el molde preparado y empareje la superficie. Hornee de 20 a 25 minutos, hasta que el pastel esté dorado y esponjado, y que al insertar un palillo en su centro éste salga limpio. Deje enfriar sobre una rejilla de alambre durante 10 minutos y retire del molde. Si fuera necesario, golpee el molde sobre la mesa para desprender el pastel.

Corte el pastel en 4 capas iguales (vea explicación a la izquierda). Coloque la capa más grande, con la parte cortada hacia arriba, sobre un platón. Barnice con un poco de miel de azúcar de café. Reserve aproximadamente la mitad del betún para embetunar el pastel. Extienda una capa delgada del betún restante sobre la capa del pastel. Continúe alternando capas de pastel barnizándolas con miel y untándolas con betún. Tendrá 4 capas de pastel y 3 capas de betún. La forma del pastel ya ensamblado se parecerá al molde (un pastel entero). Refrigere 30 minutos. Extienda el betún sobre la superficie y los lados del pastel (página 111). Espolvoree con azúcar glass y decore con los granos de café caramelizados. Refrigere hasta el momento de servir.

Nota: Para hacer la miel de azúcar de café, siga las instrucciones para hacer la miel de azúcar regular (página 55), pero agregue 1 cucharadita de café en polvo para espresso instantáneo al azúcar antes de disolverla en el agua.

RINDE DE 6 A 8 PORCIONES

5 huevos grandes, separados, más 1 yema de huevo grande, a temperatura ambiente

⅔ taza (125 g/4½ oz) de azúcar granulada

1 taza (125 g/4½ oz) de harina de trigo (simple) sin blanquear

Miel de azúcar de café (vea Nota)

Betún de Merengue de Chocolate (página 114)

Azúcar glass para espolvorear

Granos de café caramelizados para decorar

VACHERINS DE CHOCOLATE

1 taza (100 g/3½ oz) de azúcar glass

¼ taza (30 g/1 oz) de cocoa en polvo estilo holandés (página 13)

3 claras de huevos grandes, a temperatura ambiente

½ taza (100 g/3½ oz) de azúcar granulada

4 tazas (900 ml/32 fl oz) de nieve de naranja, limón o frambuesa; o helado de vainilla o café para acompañar

Precaliente el horno a 150ºC (300ºF). Sobre una hoja de papel encerado (para repostería) lo suficientemente grande para cubrir una charola para horno de 30 x 45 x 2.5 cm (12 x 18 x 1 in) dibuje 8 círculos, de 7.5 cm (3 in) de diámetro cada uno, dejando una separación de 2.5 cm (1 in) entre ellos. Coloque el papel sobre la charola, poniendo el lado marcado hacia abajo.

Cierna el azúcar glass con la cocoa en polvo sobre una hoja de papel encerado; reserve.

Usando una batidora de pie adaptada con el batidor, bata las claras de huevo, a velocidad media, hasta que empiecen a esponjarse. Agregue una tercera parte del azúcar granulada y bata hasta que las claras estén opacas; agregue otra tercera parte del azúcar. Cuando las claras empiecen a aumentar su volumen y a tornarse firmes, agregue el azúcar restante y aumente a velocidad alta. Bata hasta que las claras formen picos suaves pero aún se vean húmedas (página 14). Retire el tazón de la batidora. Cierna una tercera parte de los ingredientes secos sobre las claras y mezcle cuidadosamente con movimiento envolvente, usando una espátula grande de goma. Cierna los ingredientes secos restantes en 2 adiciones más, mezclando con movimiento envolvente.

Pase la mezcla a una manga de repostería adaptada con una punta sencilla (página 98) de 1 cm (3/8 in). Empezando en el centro de cada círculo, haga una espiral continua, llenando los círculos. Haga otro círculo sobre la orilla de cada círculo. Hornee aproximadamente 1 hora, hasta que los merengues estén firmes y puedan levantarse del papel. Pase los merengues, con todo y papel, a una rejilla de alambre y deje enfriar totalmente.

Almacene los merengues en un recipiente hermético hasta por 2 semanas para el momento que decida rellenar y servir. Si los merengues pierden su firmeza, hornéelos a 95ºC (200ºF) de 30 a 40 minutos. Para servir, rellene cada merengue con una cucharada de nieve o helado.

RINDE 8 PORCIONES

VACHERINS

Los vacherins son quesos de leche de vaca en forma de disco que se producen en Suiza y Francia. Los vacherins dulces, hechos de merengue, también llevan ese nombre ya que tienen la misma forma. Los grandes están hechos de un círculo de merengue y una serie de anillos en las orillas. Se hornean hasta secar y se les ponen varios anillos en la base, sellándolos con merengue y horneándolos una vez más. Para hacer vacherins individuales, se pone un solo anillo alrededor de la base y se hornean una sola vez. Ambos tamaños se pueden rellenar con nieve, helado, fruta o crema batida.

NIÑO ENVUELTO DE CREMA DE CASTAÑA

PURÉ DE CASTAÑA

El puré de castaña enlatado viene en varias presentaciones. Puede ser simple, sazonado con un poco de sal para usarse en preparaciones sazonadas, o dulce. Para este pastel busque el puré dulce que lleva trozos de castañas caramelizadas. A menudo es etiquetado como "unto de castaña" (chestnut spread). Este unto por lo regular se usa para hacer tartas, decorar helados o rellenar galletas. También se puede pasar por un pasapurés y cubrir con crema batida para hacer el clásico postre francés conocido como Mont Blanc. El unto de castaña se encuentra en tiendas de abarrotes bien surtidas.

Precaliente el horno a 245°C (475°F). Cubra una charola para hornear de 30 x 45 x 2.5 cm (12 x 18 x 1 in) con papel encerado (de repostería) y engrase las orillas con mantequilla. Cierna la harina con el polvo de cocoa sobre una hoja de papel encerado; reserve. Coloque las yemas de huevo y los huevos enteros en el tazón de una batidora de pie. Bata a velocidad media mientras agrega ⅓ de taza de azúcar en hilo continuo. Aumente a velocidad alta y bata cerca de 5 minutos, hasta que los huevos casi dupliquen su tamaño. Pase a un tazón grande.

Lave y seque perfectamente el tazón y el batidor. Use la batidora adaptada con el batidor para batir las claras de huevo, a velocidad media, hasta que empiecen a esponjarse. Agregue un tercio de la cucharada de azúcar y bata hasta que estén opacas; añada otro tercio del azúcar. Cuando las claras empiecen a aumentar su volumen, agregue el azúcar restante y aumente a velocidad alta. Bata hasta que las claras formen picos suaves pero aún estén húmedas (página 14). Integre las claras con la mezcla de yemas con movimiento envolvente. Cierna los ingredientes secos sobre la mezcla de huevos y mezcle con movimiento envolvente.

Vierta la masa sobre la charola preparada y extienda uniformemente. Hornee de 5 a 8 minutos, hasta que el pastel rebote al tocarlo, girando la charola a la mitad del tiempo de horneado. Saque del horno y resbale el pastel, aún en el papel, hacia una rejilla de alambre. Deje enfriar totalmente.

Bata la crema hasta formar picos suaves (página 80). Con cuidado integre el puré de castañas. Coloque el pastel, con el papel hacia arriba, sobre otro trozo de papel encerado. Retire el papel de arriba. Cubra con una tercera parte de la mezcla de crema batida. Adorne con el chocolate picado. Coloque el lado largo del pastel hacia usted y enrolle para formar una barra (página 71). Páselo a un platón, poniendo la unión hacia abajo. Ponga la mezcla de crema batida restante en una manga de repostería adaptada con una punta de estrella de 2 cm (¾ in). Empezando en la orilla del pastel que toca al platón, haga líneas de crema sobre el pastel de lado a lado (página 98). Decore con los rizos de chocolate. Refrigere hasta el momento de servir.

RINDE DE 14 A 16 PORCIONES

¼ taza (30 g/1 oz) de harina preparada para pastel (de trigo suave)

2 cucharadas de cocoa en polvo estilo holandés (página 13)

2 huevos grandes, separados, más 2 huevos grandes enteros, a temperatura ambiente

⅓ taza (70 g/2½ oz) más 1 cucharada de azúcar

2 tazas (450 ml/16 fl oz) de crema espesa (doble) o crema dulce

¾ taza (250 g/9 oz) de puré de castaña dulce (vea explicación a la izquierda)

85 g (3 oz) de chocolate semi-amargo, finamente picado (página 36)

Rizos de chocolate o pétalos de chocolate, para decorar (página 102)

PASTEL DE AVELLANA CON GLASEADO DE CHOCOLATE

GANACHE

La unión de chocolate con crema espesa (doble), conocida como ganache se puede usar para rellenar o decorar un pastel. La proporción de los dos ingredientes puede variar y algunas veces se agrega mantequilla y/o licor. Para usarla como relleno, por lo general se usa la misma cantidad en peso de chocolate y de crema; se calienta la crema y se vierte sobre el chocolate picado; posteriormente se bate y se deja enfriar. El betún de ganache, que lleva más crema que chocolate, se hace calentándolo y se deja enfriar hasta que está tibio para poder untarlo.

Precaliente el horno a 165ºC (325ºF). Cubra la base de una charola para hornear de 30 x 45 x 2.5 cm (12 x 18 x 1 in) con papel encerado (para repostería).

Cierna la harina con la cocoa en polvo y la sal sobre una hoja de papel encerado. Integre las avellanas. Reserve.

Usando una batidora de pie adaptada con el batidor, bata las yemas de huevo y 1 taza (200 g/7 oz) de azúcar, a velocidad media-alta de 3 a 5 minutos, hasta que la mezcla esté pálida y espesa. Pase a un tazón grande.

Lave y seque perfectamente el tazón de la batidora y el batidor. Bata las claras de huevo con el batidor a velocidad media, hasta que empiecen a esponjarse. Agregue una tercera parte del ¼ de taza (50 g/2 oz) de azúcar restante y bata hasta que las claras estén opacas; añada otra tercera parte del azúcar. Cuando las claras empiecen a aumentar su volumen y a tornarse firmes, agregue el azúcar restante y aumente a velocidad alta. Bata hasta que las claras formen picos suaves pero aún se vean húmedas (página 14).

Usando una espátula grande de goma, integre los ingredientes secos con la mezcla de yemas, usando movimiento envolvente. La masa estará muy espesa. Integre la mantequilla derretida en 2 adiciones. Usando la espátula, incorpore una tercera parte de las claras a la masa con movimiento envolvente e integre las claras restantes de la misma forma.

Vierta la masa sobre la charola preparada y, usando una espátula angular para repostería, extiéndala lo más uniformemente posible. Hornee de 10 a 15 minutos, hasta que el pastel se esponje y rebote ligeramente al tocarlo. Deje enfriar totalmente sobre una rejilla de alambre.

(Continúa en la siguiente página.)

1 taza (125 g/4½ oz) de harina de trigo (simple) sin blanquear

½ taza (60 g/2 oz) de cocoa en polvo tipo holandés (página 13)

¼ cucharadita de sal

⅔ taza (100 g/3½ oz) de avellanas (filberts), ligeramente tostadas (página 47) y finamente picadas

9 huevos grandes, separados, a temperatura ambiente

1¼ taza (250 g/9 oz) de azúcar

½ taza (110 g/4 oz) de mantequilla sin sal, derretida y a temperatura ambiente

**335 g (12 oz) de chocolate
semi-amargo, finamente
picado (página 36)**

**1½ taza (335 g/12 fl oz) de
crema espesa (doble) o
crema dulce**

**1 cucharadita de ron
oscuro**

**Miel de azúcar
(vea explicación a la
derecha)**

**60 g (2 oz) de chocolate
semi-amargo (simple),
finamente picado**

**De 8 a 12 flores
caramelizadas (página 105)**

Mientras tanto, prepare el glaseado y el terminado: Coloque el chocolate semi-amargo en un tazón. En una olla pequeña sobre calor medio, caliente la crema hasta que aparezcan pequeñas burbujas en la orilla y vierta sobre el chocolate. Bata suavemente a mano hasta que el chocolate se derrita, para hacer una ganache (vea explicación a la izquierda). Deje enfriar hasta obtener la consistencia de una mayonesa espesa.

Coloque un trozo de papel encerado sobre una superficie de trabajo. Pase un cuchillo de mesa alrededor de la orilla del molde. Tomando el pastel por uno de sus lados largos, invierta el molde sobre el papel. Saque del molde y retire el papel superior. Corte el pastel en tres rectángulos de 30 x 13 cm (12 x 5 in). Coloque uno de los rectángulos sobre un platón.

En un tazón pequeño, combine el ron con la miel de azúcar. Barnice el pastel con un poco de miel. Cubra con aproximadamente una cuarta parte de la ganache. Coloque otro trozo del pastel sobre la ganache. Barnice con más miel. Cubra con otra cuarta parte de la ganache. Coloque la tercera parte del pastel sobre la ganache y barnice con la miel restante. Refrigere el pastel 30 minutos para que el relleno tome consistencia.

Usando un cuchillo de sierra, recorte las orillas del pastel. Ponga la ganache restante en un tazón y coloque sobre una olla con agua hirviendo a fuego lento, moviendo ocasionalmente, hasta que la ganache esté lo suficientemente suave para poder extenderse. Usando una espátula angular pequeña para repostería, extienda la ganache sobre el pastel y sus lados, untándola lo más uniformemente posible. Derrita el chocolate semi amargo y use un cono de papel encerado para decorar la superficie del pastel (página 101). Adorne el pastel con las flores caramelizadas. Refrigere hasta el momento de servir. Para servir, corte en rebanadas con un cuchillo delgado y filoso

RINDE DE 12 A 14 PORCIONES

(La fotografía aparece en la próxima página.)

MIEL DE AZÚCAR

Los pasteles densos como éste, así como los pasteles génoise (página 63), se hacen con una pequeña cantidad de mantequilla, que puede proporcionar un pastel ligeramente seco. Al barnizar las capas con miel de azúcar en el momento de ensamblarlo le ayudan a mantener su humedad. Para hacer la miel de azúcar, combine ¼ taza (60 g/2 oz) de azúcar con ¼ taza (60 ml/2 fl oz) de agua, en una olla pequeña sobre calor medio. Hierva, moviendo ocasionalmente, hasta que se disuelva el azúcar. Retire del calor y deje enfriar a temperatura ambiente. Si se pide algún sabor en especial, intégrelo en la miel fría..

PASTELES DE PRIMAVERA Y VERANO

Cuando los árboles empiezan a florecer y los días son más largos y cálidos, es el momento de hacer postres ligeros y refrescantes. Aproveche las frutas silvestres y otras frutas frescas combinándolas con pasteles de esponja y ondas de crema batida. O combine un delicioso betún con crema inglesa. Cuando quiera un toque dulce ligero, hornee un chiffon.

PASTEL ESPONJA DE LIMÓN

Precaliente el horno a 190ºC (375ºF). Cubra la base de un molde para pastel redondo de 23 x 7.5 cm (9 x 3 in) con papel encerado (para repostería).

Usando una batidora de pie con el batidor, bata los huevos con el azúcar a velocidad alta, durante 5 minutos, hasta triplicar su volumen. Incorpore el extracto de limón. Retire el tazón de la batidora. Cierna la harina sobre la mezcla de huevo en 2 adiciones e integre cuidadosamente con movimiento envolvente, usando una espátula de goma. Incorpore un poco de la mezcla a la mantequilla derretida e integre con la mezcla de huevo. Vierta en el molde preparado y empareje la superficie. Hornee de 20 a 25 minutos, hasta que el pastel se esponje. Deje enfriar totalmente sobre una rejilla.

Mientras tanto, haga el relleno y betún: Bata la crema hasta que se formen picos suaves (página 80). Coloque la crema inglesa en un tazón e integre cuidadosamente la crema batida en 2 adiciones.

Pase un cuchillo de mesa alrededor del molde y saque el pastel; colóquelo sobre una superficie de trabajo. Voltéelo, dejando el papel encerado en su lugar. Corte el pastel en 2 capas iguales (página 48). Coloque la capa superior, con la cara cortada hacia arriba, sobre un platón. Barnice con un poco de miel de azúcar. Reserve una tercera parte del betún para decorar el pastel. Llene una manga de repostería adaptada con una punta sencilla de 12 mm (½ in) con aproximadamente ¾ taza (170 ml/ 6 fl oz) del betún y haga una orilla alrededor del pastel (pagina 98). Unte uniformemente la mezcla de crema batida dentro del arillo de betún. Coloque la segunda capa del pastel, con su parte cortada hacia abajo, sobre la crema y retire el papel. Barnice con la miel restante. Refrigere 30 minutos; mantenga el betún restante a temperatura ambiente.

Extienda el betún sobre el pastel y sus lados (página 111). Ponga el betún reservado en la manga de repostería adaptada con una punta de estrella de 12 mm (½ in) y haga conchas sobre la orilla superior (página 98). Refrigere hasta 30 minutos antes de servir.

RINDE DE 10 A 12 PORCIONES

5 huevos grandes, a temperatura ambiente

¾ taza (155 g/5½ oz) de azúcar

¾ cucharadita de extracto (esencia) de limón

1 taza (110 g/4 oz) de harina preparada para pastel (de trigo suave), cernida

¼ taza (60 g/2 oz) de mantequilla sin sal, derretida y a temperatura ambiente

PARA EL RELLENO Y BETÚN:

½ taza (110 ml/4 fl oz) de crema espesa (doble) o crema dulce

Crema Inglesa (página 11)

Miel de Azúcar (página 55)

Betún de Limón (página 115)

GÉNOISE DE FRESA CON CREMA BATIDA

PARA EL GÉNOISE

4 huevos grandes

½ taza (100 g/3½ oz) de azúcar granulada

¾ taza (85 g/3 oz) de harina preparada para pastel (de trigo suave), cernida

3 cucharadas de mantequilla sin sal, derretida

PARA EL RELLENO Y TERMINADO:

1 cucharadita de kirsh

Miel de Azúcar (página 55)

2 tazas (450 ml/16 fl oz) de crema espesa (doble) o crema dulce

2 cucharaditas de azúcar glass

3 tazas (335 g/12 oz) de fresas, limpias y cortadas en rebanadas de 12 mm (½ in), más 6 fresas partidas en mitades a lo largo, para adornar.

Para hacer el génoise, precaliente el horno a 190ºC (375ºF). Cubra la base de un molde para pastel redondo de 23 x 7.5 cm (9 x 3 in) con papel encerado (para repostería).

En el tazón de una batidora de pie, bata los huevos con el azúcar granulada a mano hasta combinar. Coloque el tazón sobre un sartén con agua hirviendo a fuego lento. Bata suavemente cerca de 3 minutos, hasta que la mezcla registre los 60ºC (140ºF) en un termómetro de lectura instantánea. Coloque el tazón en la batidora y bata con el batidor a velocidad alta de 5 a 8 minutos, hasta que la mezcla esté pálida y casi triplique su volumen. Retire el tazón de la batidora. Cierna la harina sobre la mezcla de huevos en 2 adiciones y cuidadosamente integre con una espátula grande de goma con movimiento envolvente. Incorpore una pequeña cantidad de la mezcla a la mantequilla derretida con movimiento envolvente, y vuelva a integrar con la mezcla de huevos.

Vierta en el molde preparado y empareje la superficie. Hornee unos 20 minutos, hasta que la superficie esté dorada. Deje enfriar totalmente sobre una rejilla. Pase un cuchillo de mesa alrededor de la orilla del molde e invierta el pastel sobre una superficie de trabajo. Voltee el pastel, dejando el papel encerado. Corte el pastel en 2 capas iguales (página 48). Coloque la capa superior, con la parte cortada hacia arriba, en un platón.

Para preparar el relleno y el terminado, mezcle el kirsh con la miel de azúcar en un tazón pequeño. Bata la crema y el azúcar glass hasta que se formen picos suaves (página 80). Coloque las rebanadas de fresas en un tazón. Mezcle aproximadamente una cuarta parte de la crema con las fresas. Extienda la mezcla uniformemente. Cubra con la capa restante de pastel, poniendo la parte cortada hacia abajo. Retire el papel. Barnice con la miel restante. Extienda la crema batida restante sobre la superficie y los lados del pastel (página 111). Corte media fresa en rebanadas delgadas y coloque en el centro del pastel. Acomode las mitades restantes alrededor de la orilla del pastel. Refrigere hasta el momento de servir.

RINDE DE 8 A 10 PORCIONES

GÉNOISE

El génoise, un pastel ligero y elegante de esponja, es una de las bases de la repostería francesa, el cual se usa como base para los pasteles en capas así como para los niños envueltos. El pastel se esponjará dependiendo únicamente de la cantidad de aire que se introduce al batir los huevos. Si calienta el azúcar y los huevos antes de batirlos ayudará a que los huevos obtengan el mayor volumen posible, aunque puede hacer una versión ligeramente más densa, pero aún agradable de este pastel, sin llevar a cabo este paso. Algunos génoises, como el de esta receta, contienen una pequeña cantidad de mantequilla, lo cual los hace más suaves.

PASTEL DE QUESO CON ALMENDRAS Y CEREZAS

COSTRA DE BISCOTTI

Las galletas italianas conocidas como biscotti tienen una consistencia chiclosa perfecta para crear una costra delgada de migas. Las de almendras, que se solicitan en esta receta, elevan el sabor del extracto de almendras y el licor usados en el relleno del pastel de queso. Antes de hacer la costra, engrase con mantequilla la base y los lados del molde. En un procesador de alimentos, muela 4 biscotti de almendras (aproximadamente 110 g/4 oz) hasta obtener un polvo fino. Pase a un tazón. Agregue 2 cucharadas de mantequilla derretida sin sal y mezcle hasta combinar uniformemente. Coloque en el molde preparado y extienda formando una capa pareja sobre la base.

Para hacer el pastel de queso, derrita la mantequilla en una sartén grande para freír sobre calor medio-alto. Agregue las cerezas y 1 cucharada del jugo de limón (fresco). Cocine aproximadamente 1 minuto. Espolvoree con ¼ taza de azúcar y cocine, moviendo, de 3 a 5 minutos. Integre el amaretto y cocine 1 minuto. Refrigere hasta que esté totalmente frío.

Precaliente el horno a 150°C (300°F). Envuelva totalmente la parte exterior de un molde desmontable (página 112) de 23 cm (9 in) con una capa doble de papel aluminio. Haga la costra de biscotti.

Usando una batidora de pie adaptada con la paleta, bata el queso crema con 1¼ taza de azúcar, a velocidad media-alta, hasta suavizar. Integre la fécula de maíz. Agregue los huevos uno por uno, batiendo hasta incorporar. Incorpore la crema agria, la cucharada de jugo de limón restante, los extractos de vainilla y almendra y la sal. Vierta la mezcla de cerezas en el molde y extienda uniformemente, sin mezclar con la costra de migas. Cubra con el relleno y extienda hacia las orillas del molde.

Coloque el molde dentro de una sartén grande para asar y llénela con aproximadamente 2.5 cm (1 in) de agua muy caliente. Hornee por 1 hora. Apague el horno y deje que el pastel de queso se cueza en el horno caliente, sin abrir la puerta, por 1 minuto más. Retire del baño maría y coloque sobre una rejilla de alambre.

Para hacer el betún, tueste las almendras ligeramente (página 47), reduzca la temperatura del horno a 150°C (300°F). En un tazón, bata la crema agria con el azúcar y los extractos de vainilla y almendra. Extienda el betún sobre el pastel de queso caliente. Adorne con las almendras. Hornee cerca de 8 minutos, hasta que el betún parezca ligeramente firme. Deje enfriar cerca de 1 hora. Refrigere por lo menos 8 horas o durante toda la noche. Retire los lados del molde. Coloque el pastel, sobre la base del molde, en un platón y refrigere hasta el momento de servir.

RINDE DE 12 A 14 PORCIONES

PARA EL PASTEL DE QUESO:

2 cucharadas de mantequilla

3 tazas (500 g/18 oz) de cerezas Bing frescas, congeladas o en conserva; o alguna otra variedad de cerezas dulces

2 cucharadas de jugo de limón

1¼ tazas (250 g/9 oz) más ¼ taza (60 g/2 oz) de azúcar

2 cucharadas de amaretto

Costra de Biscotti (vea explicación a la izquierda)

670 g (1½ lb) de queso crema

1 cucharada de fécula de maíz

4 huevos grandes, a temperatura ambiente

1 taza (225 g/8 oz) de crema agria

1 cucharadita de extracto (esencia) de vainilla y una de extracto de almendra

¼ cucharadita de sal

PARA EL BETÚN:

¼ de taza (45 g/1½ oz) de almendras rebanadas (hojuelas)

1 taza (225 g/8 oz) de crema agria

¼ taza (60 g/2 oz) de azúcar

1 cucharadita de extracto de vainilla y una de extracto de almendras

CARLOTA DE FRAMBUESA

Soletas (página 113)

2¼ cucharaditas (1 sobre) de grenetina sin sabor (vea explicación a la derecha)

¼ taza (60 ml/2 fl oz) de agua, más 2 cucharadas de agua fría

½ taza (100 g/3½ oz) de azúcar granulada

6 tazas (500 g/18 oz) de frambuesas

2 tazas (450 ml/16 fl oz) de crema espesa (doble) o crema dulce

2 cucharaditas de azúcar glass

Haga las soletas y 2 círculos de pastel como lo indican las instrucciones. Coloque el círculo pequeño en la base de un molde para carlota con capacidad de 8 tazas (1.8 l/64 fl oz) con la parte redonda hacia abajo. Cubra los lados con las soletas más bonitas, colocando la cara redonda hacia el molde.

En un tazón pequeño, espolvoree la grenetina sobre 2 cucharadas de agua fría, mezcle y deje hidratarse cerca de 3 minutos, hasta que esté opaca. En una olla pequeña sobre calor medio, combine ¼ taza de agua y el azúcar granulada y caliente hasta que el azúcar se disuelva, e integre la grenetina suavizada. Usando una coladera con malla fina, cuele la mezcla hacia un tazón y deje enfriar a temperatura ambiente. En un procesador de alimentos o licuadora, haga el puré con 4 tazas (335 g/12 oz) de frambuesas. Deberá obtener aproximadamente 1½ tazas (335 ml/12 fl oz) de puré. Integre el puré con la mezcla de grenetina.

Bata 1¼ tazas (280 ml/10 fl oz) de la crema hasta que se formen picos medio-duros (página 80). Usando una espátula grande de goma, integre una cuarta parte de la crema con el puré de frambuesas con movimiento envolvente e integre la crema restante de la misma forma. Rellene hasta la mitad el molde cubierto con la crema de frambuesa. Cubra con una capa de soletas, recortándolas lo necesario para acomodarlas. Llene el molde con la crema de frambuesas restante. Coloque el círculo grande, con la parte redonda de las soletas hacia abajo, sobre la crema y dentro de las soletas que cubren la orilla del molde. Refrigere por lo menos 4 horas, o durante toda la noche.

Invierta el molde sobre un platón y retírelo. Combine los ¾ de taza (170 ml/6 fl oz) de crema restante y el azúcar glass y bata hasta formar picos medianos (página 80). Coloque la crema batida en una manga de repostería adaptada con una punta de estrella de 1 cm (⅜ in) y haga rosas sobre la carlota (página 98). Adorne con las frambuesas restantes. Refrigere la carlota hasta el momento de servir.

RINDE DE 6 A 8 PORCIONES

GRENETINA

Este ingrediente sin sabor ni color, hecho de proteína animal, se vende en dos presentaciones, en gránulos finos y en hojas. Los reposteros confían en sus propiedades únicas para transformar un líquido en un sólido suave tipo jalea. Trabajar con grenetina es fácil. Primero hidrátela, sin mover, en un poco de líquido frío. Posteriormente, mezcle la grenetina totalmente hidratada con el líquido que va a cuajar y caliéntela suavemente sin dejar que hierva. Cuando se enfríe, la mezcla se cuajará haciendo una masa firme. Use 2¼ cucharaditas de gránulos (1 sobre) o 4 hojas de grenetina para cuajar de 2 a 3 tazas (450–670 ml/16–24 fl oz) de líquido.

CHIFFON CON COMPOTA DE FRUTA DE VERANO

Precaliente el horno a 165ºC (325ºF). Tenga a la mano un molde para rosca sin engrasar de 25 cm (10 in) de diámetro y 10 cm (4 in) de profundidad. Cierna la harina con el polvo para hornear y la sal sobre un tazón grande. Agregue 1 taza (200 g/7 oz) del azúcar granulada. Agregue las yemas de huevo, agua, aceite, ralladura de naranja y vainilla y bata hasta suavizar.

Usando una batidora de pie adaptada con el batidor, bata las claras de huevo, a velocidad media, hasta que empiecen a esponjarse. Agregue una tercera parte de la ½ taza (100 g/3½ oz) restante de azúcar y bata hasta que las claras estén opacas. Agregue otra tercera parte del azúcar. Cuando las claras empiecen a aumentar su volumen, agregue el azúcar restante y aumente la velocidad a alta. Bata hasta que las claras formen picos firmes pero aún se vean húmedas (página 14). Usando una espátula grande de goma, mezcle cuidadosamente una tercera parte de las claras batidas con la masa con movimiento envolvente e incorpore las claras restantes de la misma forma.

Vierta la masa sobre el molde. Hornee de 55 a 65 minutos, hasta que se esponje y se dore ligeramente. Inmediatamente invierta el pastel sobre una mesa si el molde tiene soportes o, si no los tiene, sobre el cuello de una botella de vino. Deje enfriar totalmente. Pase un cuchillo delgado alrededor de los lados exteriores del molde y alrededor del tubo interior. Invierta el pastel sobre un platón.

Para hacer el glaseado, bata el jugo de naranja con el azúcar glass en un tazón. Vierta sobre el pastel y deje que caiga por los lados. Deje que el glaseado se endurezca. Para hacer la compota, coloque la fruta en un tazón, espolvoree con el azúcar granulada al gusto, y mezcle suavemente.

Para servir, coloque un poco de compota junto a cada rebanada de pastel.

Nota: Para la compota, use una combinación de frutas de la estación: moras (blueberries) y/o fresas en mitades con rebanadas de nectarinas, duraznos sin piel y rebanados o rebanadas de ciruelas.

RINDE DE 10 A 12 PORCIONES

PASTEL CHIFFON

Los pasteles chiffon, ligeros y húmedos, se inventaron en Estados Unidos a fines de los años 1940s. La característica más importante es usar aceite sin saborizantes, en vez de usar mantequilla. El aceite, con las yemas de huevo, asegura una mezcla suave y las claras de huevo batidas, proporcionan la altura con ayuda del polvo para hornear. Como el aceite no tiene sabor (el aceite de uva, que se muestra en la fotografía superior, y el aceite de canola son buenas opciones), siempre se agregan otros saborizantes, como los cítricos y la vainilla. La masa es bastante líquida, por lo que las claras de huevo deben batirse hasta que estén un poco más firmes que para el resto de las recetas para hornear.

2 tazas (225 g/8 oz) de harina preparada para pastel (de trigo suave)

2½ cucharaditas de polvo para hornear

¾ cucharadita de sal

1½ tazas (300 g/10½ oz) de azúcar granulada

6 huevos grandes, separados, más 2 claras de huevos grandes, a temperatura ambiente

¾ taza (170 ml/6 fl oz) de agua

½ taza (110 ml/4 fl oz) de aceite de canola

1 cucharada de ralladura de naranja (página 88)

1 cucharada de extracto (esencia) de vainilla

PARA EL GLASEADO:

3 cucharadas de jugo de naranja fresco

2 tazas (200 g/7 oz) de azúcar glass, cernida

PARA LA COMPOTA DE FRUTAS:

2 tazas (225 g/8 oz) de mezcla de frutas maduras (vea Nota)

De ¼ a ½ taza (60–100 g/ 2–3 oz) de azúcar granulada

NIÑO ENVUELTO CON FRUTAS DEL BOSQUE

2 huevos grandes, separados, más 2 huevos grandes enteros, a temperatura ambiente

⅓ taza (70 g/2½ oz) más 1 cucharada de azúcar granulada

¼ taza (30 g/1 oz) de harina preparada para pastel (de trigo suave), cernida

PARA EL RELLENO Y TERMINADO:

1¾ tazas (390 ml/14 fl oz) de crema espesa (doble) o crema dulce

¾ taza (170 g/6 oz) de créme fraîche o ½ taza de crema agria y ¼ taza de leche

1 taza (110 g/4 oz) de mezcla de frutas silvestres enteras, como frambuesas, moras (blueberries) o zarzamoras, o fresas rebanadas, más 15 enteras o rebanadas para adornar

1 cucharada de azúcar glass

Precaliente el horno a 245ºC (475ºF). Forre una charola para hornear de 30 x 45 x 2.5 cm (12 x 18 x 1 in) con papel encerado (para repostería) y engrase las orillas con mantequilla.

Usando una batidora de pie adaptada con el batidor, bata las yemas de huevo y los huevos enteros, a velocidad media, mientras agrega ⅓ de taza de azúcar granulada en un hilo continuo. Aumente a velocidad alta y bata cerca de 5 minutos, hasta que los huevos prácticamente dupliquen su volumen. Pase la mezcla de huevo a un tazón grande.

Lave y seque perfectamente el tazón y el batidor. Bata las claras a velocidad media hasta que empiecen a esponjarse. Agregue una tercera parte de la cucharada de azúcar granulada y bata hasta que esté opaca; agregue otra tercera parte del azúcar. Cuando las claras empiecen a aumentar su volumen, agregue el azúcar restante y suba a velocidad alta. Bata hasta que las claras formen picos suaves pero aún se vean húmedas (página 14). Integre cuidadosamente las claras a la mezcla de yemas con movimiento envolvente. Cierna la harina sobre la mezcla de huevo e incorpore con movimiento envolvente. Coloque en la charola preparada y extienda uniformemente. Hornee de 5 a 8 minutos, hasta que el pastel rebote al tacto. Gire la charola a la mitad del tiempo. Pase un cuchillo alrededor de la orilla y resbale el pastel, aún sobre el papel, hacia una rejilla y deje enfriar.

Mientras, prepare el relleno y terminado: Bata ¾ de taza (170 ml/6 fl oz) de la crema y la créme fraîche hasta que se formen picos suaves (página 80). Incorpore las frutas silvestres con movimiento envolvente. Coloque el pastel, con el papel hacia arriba, sobre otro papel encerado. Retire el papel de arriba. Extienda la mezcla de crema batida sobre el pastel. Enróllelo para hacer una barra (vea explicación a la derecha). Páselo a un platón con la unión hacia abajo. Bata la taza (220 ml/8 fl oz) de crema restante con el azúcar glass hasta formar picos suaves. Coloque una punta de estrella de 2 cm (¾ in) en una duya y haga una espiral en el centro del pastel (página 98). Adorne con la fruta restante. Refrigere hasta el momento de servir.

RINDE DE 14 A 16 PORCIONES

ENROLLANDO UN PASTEL

Para enrollar fácilmente, siempre empareje la masa lo más uniformemente posible sobre la charola para hornear y hornee el pastel hasta que esté ligeramente dorado, pero no esté seco. Una vez que el pastel se haya enfriado, colóquelo, aún con el papel encerado, sobre una segunda hoja de papel, colocando el pastel hacia abajo y retire el papel superior. Extienda el relleno uniformemente sobre el pastel. Coloque un lado largo hacia usted y enrolle la orilla del pastel sobre sí mismo, moviendo sus manos con cuidado de una orilla a otra para enrollar parejo. Usando ambas manos, continúe enrollando el pastel para formar un cilindro.

PASTEL DE CAPAS DE MANGO
CON COCO Y CREMA PASTELERA

PREPARANDO MANGO

Los mangos maduros dan de sí ligeramente cuando se presionan y son muy aromáticos en la punta del tallo. Para partir la fruta en cubos, coloque el mango en posición vertical sobre uno de sus lados delgados, con el tallo hacia usted. Usando un cuchillo filoso, corte a lo largo de la fruta, aproximadamente a 2.5 cm (1 in) del tallo rozando el hueso grande y plano. Repita del otro lado del hueso. Corte cada mitad de mango haciendo cuadros, justo hasta tocar la cáscara. Presione contra la cáscara para sacar los cubos y corte en su base para desprenderlos de la cáscara

Prepare el génoise siguiendo las instrucciones, deje enfriar totalmente y coloque el lado superior hacia arriba sobre una superficie de trabajo. Corte cuidadosamente el pastel en 2 capas iguales (página 48). Coloque la capa superior, con la parte cortada hacia arriba, sobre un platón. En un tazón pequeño, mezcle el ron con la miel de azúcar. Barnice el pastel con aproximadamente la mitad de la miel.

Coloque aproximadamente una cuarta parte del betún en una manga de repostería adaptada con una punta sencilla de 12 mm (½ in). Haga un anillo de betún alrededor de la orilla exterior del pastel (página 98). Acomode el mango picado uniformemente dentro del círculo de betún. Cubra con la otra capa, colocando la parte cortada hacia abajo. Retire el papel. Barnice con la miel restante. Refrigere el pastel 30 minutos hasta que el relleno esté firme; mantenga el betún restante a temperatura ambiente.

Usando una espátula recta para repostería, cubra la parte superior y los lados del pastel con el betún, lo más uniformemente posible (página 111). Presione suavemente un poco de coco sobre los lados del pastel y ponga el resto sobre la superficie del mismo. Refrigérelo hasta 30 minutos antes de servir, para que el betún tome consistencia.

RINDE DE 8 A 10 PORCIONES

Génoise (página 63)

1 cucharadita de ron oscuro

Miel de Azúcar (página 55)

Betún de Vainilla (página 115)

1 mango grande maduro, en cubos y picado grueso (aproximadamente 1½ tazas/250 g/9 oz) *(vea explicación a la izquierda)*

²/₃ taza (60 g/2 oz) de coco rallado sin endulzantes, ligeramente tostado (página 18)

PASTELES DE OTOÑO E INVIERNO

Los meses fríos son la época adecuada para disfrutar de los postres exquisitos y abundantes. Las peras, frutas secas, conservas y nueces son la base de estos pasteles, que van desde el pastel de jengibre cubierto con peras para la cena del Día de Gracias hasta el Pastel de Crema de Bavaresa de Eggnog, ideal para celebrar el Año Nuevo. Asegúrese de tener a la mano una Barra de Dátil y Nuez para servir a sus amigos cuando lo visiten durante esta época de fiestas

BARRA DE DÁTIL Y NUEZ

Precaliente el horno a 165ºC (325ºF). Engrase con bastante mantequilla un molde para barra de 21.5 x 11.5 cm (8½ x 4½ in). En un tazón pequeño, remoje los dátiles en 1 cucharada de brandy durante 10 minutos.

En un tazón grande, usando una espátula grande de goma, mezcle los dátiles con las nueces, bicarbonato de sodio, sal, mantequilla derretida y agua, hasta integrar. Incorpore el azúcar y los huevos; agregue la harina.

Vierta la masa en el molde preparado y hornee el pastel de 50 a 60 minutos, hasta que se esponje y dore, y que al insertar un palillo en el centro éste salga limpio. Deje enfriar totalmente sobre una rejilla de alambre.

Pase un cuchillo de mesa alrededor de la orilla del molde y voltee el pastel sobre un platón. Coloque la parte superior hacia arriba. Agregue las 2 cucharadas restantes de brandy, poco a poco, sobre el pastel para que el pastel lo absorba totalmente.

Nota: Este pastel vigoroso es ideal para empacar como regalo. El brandy no sólo agrega sabor sino que también sirve como preservativo.

Para Servir: Sirva para acompañar el té o café vespertino o simplemente como un postre

RINDE DE 8 A 10 PORCIONES

DÁTILES

Desde tiempos antiguos, los dátiles han sido un alimento básico en las despensas del Medio Oriente. Debido a su consistencia pegajosa y a su alto contenido de azúcar, muchas personas piensan que los dátiles son una fruta seca. Aunque puede comprar dátiles secos, por lo general todos los dátiles se venden en su estado fresco, suave o semi seco (fotografía superior). Entre los tipos más populares que se encuentran en los mercados de América y Europa están la Noor Deglet moderadamente suave, una buena elección para esta receta, y el delicioso y carnoso Medjool. Compre dátiles sin hueso para facilitar su trabajo.

1 taza (140 g/5 oz) de dátiles sin hueso, picados grueso (vea explicación a la izquierda)

3 cucharadas de brandy o Grand Marnier

1 taza (100 g/3½ oz) de nueces, ligeramente tostadas (página 47) y picadas grueso

1½ cucharadita de bicarbonato de sodio

¼ cucharadita de sal

3 cucharadas de mantequilla sin sal, derretida y a temperatura ambiente

¾ taza (170 ml/6 fl oz) de agua caliente

¾ taza (155 g/5½ oz) de azúcar

2 huevos grandes, ligeramente batidos

1½ tazas (200 g/7 oz) de harina de trigo (simple) sin blanquear

PAN DE JENGIBRE VOLTEADO CON PERAS CARAMELIZADAS

8 cucharadas (110 g/4 oz) de mantequilla sin sal, a temperatura ambiente

½ taza (100 g/3½ oz) de azúcar granulada

2 peras Anjou grandes, firmes pero maduras, sin piel ni corazón; cortadas a lo largo en rebanadas de 3 mm (⅛ in)

1¾ tazas (225 g/8 oz) de harina de trigo (simple) sin blanquear

1½ cucharadita de bicarbonato de sodio

2 cucharaditas de jengibre molido

½ cucharadita de cardamomo molido y ½ de canela molida

¼ cucharadita de sal

1 cucharada de jengibre fresco, sin piel

⅓ taza (60 g/2 oz) compacta de azúcar morena

1 huevo grande, a temperatura ambiente, ligeramente batido

¾ taza (225 g/8 oz) de melaza ligera

¾ taza (170 ml/6 fl oz) de leche, a temperatura ambiente

En un molde cuadrado de aluminio grueso de 20 cm (8 in) colocado sobre calor medio, derrita 2 cucharadas de la mantequilla. Agregue el azúcar granulada y cocine de 5 a 7 minutos, moviendo ocasionalmente, hasta que se derrita y se dore ligeramente. Acomode las rebanadas de pera en el molde en 4 capas sobrepuestas. Reserve.

Precaliente el horno a 180ºC (350ºF). Cierna la harina con el bicarbonato de sodio, jengibre molido, cardamomo, canela y sal sobre una hoja de papel encerado. Integre el jengibre fresco, finamente picado. Reserve.

Usando una batidora de pie adaptada con la paleta, bata las 6 cucharadas restantes (85 g/3 oz) de mantequilla, a velocidad media, hasta que esté cremosa. Agregue el azúcar morena y bata hasta que la mezcla esté pálida y esponjada. Integre el huevo gradualmente, batiendo después de cada adición, hasta incorporarlo por completo antes de continuar (página 10). Añada la melaza. Reduzca la velocidad a media-baja y agregue los ingredientes secos en 3 adiciones alternando con la leche en 2 adiciones, empezando y terminando con los ingredientes secos. Bata hasta mezclar. Vierta la mezcla sobre las peras y extiéndala de manera uniforme hasta la orilla del molde. Hornee de 35 a 40 minutos, hasta que la superficie del pastel se esponje. Deje enfriar sobre una rejilla de alambre durante 10 minutos.

Pase un cuchillo de mesa alrededor de la orilla del molde y agite para asegurarse que el pastel no esté pegado. (Si lo estuviera, coloque el molde sobre calor bajo y caliente de 1 a 2 minutos, agitándolo suavemente hasta que se desprenda). Coloque un platón invertido sobre el molde. Usando guantes de horno, invierta el platón y el molde al mismo tiempo. Retire el molde. Coloque las peras que hayan quedado pegadas en el molde sobre el pastel. Sirva a temperatura ambiente.

RINDE 9 PORCIONES

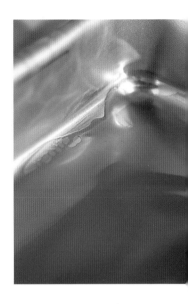

CARAMELIZANDO AZÚCAR

El azúcar se puede caramelizar en dos formas. Se puede espolvorear en una sartén pesada y cocinar à fuego bajo hasta que se disuelva y después aumentar la temperatura a media, o se disuelve en un poco de agua sobre calor medio-alto formando una miel espesa. En ambos casos se calienta hasta que se vuelva café oscuro. Sin embargo, en esta receta el azúcar se mezcla con mantequilla para darle más sabor. En vez de dejar que el azúcar se cocine sin moverla para evitar que se cristalice, la mezcla de mantequilla y azúcar se mueve ocasionalmente hasta que se vuelve café claro.

TARTA DE NUEZ CON CREMA BATIDA AL BOURBON

Precaliente el horno a 165ºC (325ºF). Cubra la base de un molde para pastel redondo de 23 x 7.5 cm (9 x 3 in) con papel encerado (para repostería). En un procesador de alimentos muela las nueces, harina y sal hasta que estén finamente molidas; no muela demasiado. Reserve.

Usando una batidora de pie adaptada con el batidor, bata las yemas de huevo con ⅓ de taza (65 g/2¼ oz) del azúcar granulada a velocidad media-alta de 3 a 5 minutos, hasta que estén pálidas y espesas. Usando una espátula grande de goma, integre la mezcla de nueces con movimiento envolvente. Pase a un tazón grande.

Lave y seque perfectamente el tazón y el batidor de la batidora. Bata las claras de huevo con el batidor a velocidad media hasta que empiecen a esponjarse. Agregue una tercera parte del ⅓ de taza (65 g/2¼ oz) de azúcar granulada y bata hasta que las claras estén opacas; agregue otra tercera parte del azúcar. Cuando las claras empiecen a aumentar su volumen y a tornarse firmes, agregue el azúcar restante y aumente a velocidad alta. Bata hasta que las claras formen picos suaves pero aún se vean húmedas (página 14). Usando una espátula, integre cuidadosamente una tercera parte de las claras con la mezcla de nueces, con movimiento envolvente, e incorpore las claras restantes de la misma forma.

Vierta la masa sobre el molde preparado y empareje la superficie. Hornee de 35 a 40 minutos, hasta dorar ligeramente y que al insertar un palillo en su centro éste salga limpio. Deje enfriar totalmente sobre una rejilla de alambre. Pase un cuchillo de mesa alrededor de la orilla del molde e invierta la tarta sobre un platón. Retire el papel encerado. Coloque con la parte superior hacia arriba.

Justo antes de servir, haga la crema batida: Bata la crema, azúcar glass, bourbon y vainilla hasta que la crema mantenga su forma (vea explicación a la izquierda). Corte la tarta en rebanadas y coloque una cucharada de crema batida junto a cada porción.

RINDE DE 10 A 12 PORCIONES

BATIENDO CREMA

Al batir se introduce aire dentro de la crema, esto hace que se espese para usarla como relleno, betún o acompañamiento. Siempre tome la crema para batir directamente del refrigerador; si la deja a temperatura ambiente es más probable que se separe al batirla. Además enfríe el tazón y las aspas (o batidor) en los días calurosos o si su cocina es calurosa. Si batió la crema en exceso y está demasiado espesa, intégrele algunas cucharadas de crema del bote, una por una. Tenga siempre presente que la crema etiquetada "ultra pasteurizada" no se elevará de la misma forma que la crema pasteurizada regular.

1¾ taza (200 g/7 oz) de nueces

2 cucharadas de harina de trigo (simple) sin blanquear

¼ cucharadita de sal

6 huevos grandes, separados, a temperatura ambiente

⅔ taza (130 g/4½ oz) de azúcar granulada

PARA LA CREMA BATIDA:

½ taza (110 ml/4 fl oz) de crema espesa (doble) o crema dulce

1 cucharadita de azúcar glass

2 cucharaditas de bourbon

1 cucharadita de extracto (esencia) de vainilla

BABAS AU RHUM

¼ taza (60 g/2 oz) de mantequilla sin sal, a temperatura ambiente

6 cucharadas (85 ml/3 fl oz) de leche, caliente a 38°C (100°F)

2¼ cucharaditas de levadura seca activa

2 huevos grandes, a temperatura ambiente, ligeramente batidos

1¾ taza (225 g/8 oz) de harina de trigo (simple) sin blanquear, más la necesaria

1 cucharadita de sal

2 cucharadas de azúcar

PARA LA MIEL:

1 taza (225 ml/8 fl oz) de agua

½ taza (100 g/3½ oz) de azúcar

¼ taza (60 ml/2 fl oz) de ron oscuro

Helado de vainilla o crema batida dulce (página 80), para acompañar

En un tazón bata la mantequilla hasta acremar. Reserve.

Coloque la leche caliente en el tazón de una batidora de pie, espolvoree con la levadura y mezcle unas cuantas veces. Deje reposar hasta que se disuelva la levadura. Agregue los huevos. Incorpore 1¾ taza de harina, sal y azúcar; bata con la paleta a velocidad media-baja por 3 minutos. Continúe mezclando con el gancho para masa y agregue la mantequilla batida en 2 adiciones junto con una cucharada rasa de harina para ayudar a que la mantequilla se integre con la masa. Asegúrese de que la mantequilla esté incorporada antes de agregar la segunda adición. Tape y deje reposar en un lugar tibio de 1½ a 2 horas, hasta que la masa duplique su tamaño.

Engrase ligeramente con mantequilla 12 moldes pequeños de 5 x 3 x 4.5 cm (2 x 1¼ x 1¾ in) para panquecitos. Divida la masa entre los moldes, llenando cada uno hasta una tercera parte. Colóquelos sobre una charola para hornear y dentro de una bolsa grande de plástico. Agite suavemente la bolsa varias veces para incorporar aire y amarre para cerrarla. Coloque los moldes en un lugar tibio de 30 a 45 minutos, hasta que la masa se eleve lo suficiente para llegar hasta arriba de los moldes. Cuando la masa esté casi lista, precaliente el horno a 190°C (375°F).

Hornee de 15 a 20 minutos, hasta que estén dorados y esponjados, y desprenda de los lados de los moldes. Deje reposar sobre una rejilla de alambre. Los babas deberán estar tibios para remojarse en la miel.

Mientras tanto, haga la miel: En una olla sobre calor medio, hierva el agua con el azúcar, moviendo hasta disolver el azúcar. Deje enfriar y, cuando esté tibia, agregue el ron. Vierta en una sartén poco profunda.

Remoje los babas en la miel, aproximadamente durante 30 minutos, volteándolos frecuentemente, hasta que se esponjen pero no se desbaraten. Páselos a platos de postre y sirva con helado de vainilla.

RINDE 12 PORCIONES

BABAS AU RHUM

Aunque abundan las teorías acerca de su origen, estos pasteles altos, esponjados con levadura y de forma cilíndrica, probablemente se originaron en Rusia y Polonia, y más tarde algún pastelero parisino les agregó la miel con ron. La altura de un baba resulta por la levadura usada en la masa. La levadura seca activa, una de las formas más adecuadas de levadura para usar al hornear, se debe disolver en un líquido tibio antes de mezclarla con el resto de los ingredientes de la masa, haciendo que tanto los azúcares en la harina y el azúcar en la masa se fermenten. Esta acción produce dióxido de carbono, el cual hace que se eleve la masa.

PASTEL DE MOUSSE DE CALABAZA

Haga un génoise siguiendo las instrucciones. Deje enfriar totalmente y coloque, con la parte superior hacia arriba, sobre una superficie de trabajo. Corte el pastel en 2 capas iguales (página 48).

En un tazón pequeño, espolvoree la grenetina sobre agua fría, mezcle y deje hidratar cerca de 3 minutos, hasta que esté opaca. En una olla sobre calor medio, combine aproximadamente ½ taza (110 g/4 oz) de puré de calabaza, el azúcar granulada y la sal; caliente moviendo hasta que se disuelva el azúcar. Integre la grenetina hidratada y deje enfriar a temperatura ambiente. En un tazón incorpore la mezcla de calabaza con el puré de calabaza restante. Integre, batiendo, la canela, clavo, nuez moscada y ron. Usando una batidora de pie o batiendo a mano, bata 1⅔ de taza de crema hasta que se formen picos suaves (página 80). Usando una espátula grande de goma, incorpore una tercera parte de la crema con el puré, con un movimiento envolvente, e integre la crema restante, haciendo un mousse.

Retire el papel de la capa inferior del pastel. Colóquela, con la cara cortada hacia arriba, dentro de un molde redondo desmontable de 23 cm (9 in). Extienda la mitad del mousse uniformemente sobre el pastel. Recorte 12mm (½ in) de la orilla exterior de la capa restante. Colóquela en el centro, con la cara cortada hacia abajo, sobre el mousse. Cubra con el mousse restante, presionándolo entre el pastel y el molde y aplanando su superficie. Refrigere por lo menos 4 horas, hasta que esté firme, o durante toda la noche.

Caliente los lados del molde con una toalla de cocina remojada en agua caliente y exprimida. Retire la orilla del molde y aplane los lados del mousse con una espátula para repostería. Bata ½ taza de crema con el azúcar glass hasta que se formen picos medianos (página 80). Coloque una punta de estrella de 12 mm (½ in) en una manga de repostería. Haga conchas alrededor de la orilla superior y algunas en el centro del pastel (página 98). Pase un cuchillo delgado bajo el pastel, despréndalo de la base del molde desmontable y páselo a un platón. Refrigérelo hasta el momento de servir.

RINDE DE 10 A 12 PORCIONES

Ingredientes

Génoise (página 63)

2¼ cucharaditas (1 sobre) de grenetina sin sabor (página 67)

2 cucharadas de agua fría

1¾ taza (420 g/15 oz) de puré de calabaza fresco (vea explicación a la izquierda) o puré de calabaza en lata

½ taza (100 g/3½ oz) de azúcar granulada

¼ cucharadita de sal

¼ cucharadita de canela molida

¼ cucharadita de clavo molido

¼ cucharadita de nuez moscada, recién rallada (página 17)

1 cucharada de ron oscuro

1⅔ taza (360 ml/13 fl oz) más ½ taza (110 ml/4 fl oz) de crema espesa (doble) o crema dulce

1 cucharadita de azúcar glass

PURÉ FRESCO DE CALABAZA

Para hacer el puré fresco, elija una calabaza para cocer de pulpa firme. (No use calabazas grandes de las que se usan para hacer linternas para la noche de brujas, ya que tienen mucha agua.) Corte a la mitad a través de la punta del tallo y coloque, con el lado cortado hacia abajo, sobre una charola para hornear cubierta con papel encerado (para repostería). Hornee en un horno precalentado a 180°C (350°F) cerca de 25 minutos, hasta que pueda introducirlo un pincho de brocheta. Retire las semillas, raspe la pulpa de la cáscara y haga un puré en el procesador de alimentos. El puré debe tener la misma consistencia que la calabaza en lata. Si está demasiado aguado, cocínelo sobre calor bajo hasta que se espese. Congele el puré restante hasta por 3 meses.

PASTEL DE BAVARESA DE EGGNOG

Soletas de Chocolate
(página 113)

2¼ cucharaditas (1 sobre)
de grenetina sin sabor
(página 67)

2 cucharadas de agua fría

1 taza (225 ml/8 fl oz) de
leche

½ taza (110 g/4 oz) de
azúcar

3 yemas de huevos
grandes

2 cucharaditas de brandy o
cognac

1 cucharadita de extracto
(esencia) de vainilla

⅛ cucharadita de nuez
moscada, recién rallada
(página 17)

1 taza (225 ml/8 fl oz) de
crema espesa (doble) o
crema dulce

Rizos de chocolate, para
decorar (página 102)

Haga las soletas siguiendo las instrucciones. Cubra un molde para brioche con capacidad de 5 tazas (1.1 l/60 fl oz) con las soletas más bonitas, cortándolas si fuera necesario y colocándolas con el lado redondo hacia el molde.

En un tazón pequeño, espolvoree la grenetina sobre el agua fría, mezcle y deje hidratar cerca de 3 minutos, hasta que esté opaca. En una olla pequeña sobre calor medio, bata la leche con ¼ taza (55 g/2 oz) del azúcar, moviendo ocasionalmente, hasta que aparezcan pequeñas burbujas en la orilla.

Mientras tanto, en un tazón, bata las yemas de huevo con ¼ de taza (55g/2 oz) restante de azúcar hasta integrar por completo. Vierta la mezcla de leche caliente con la mezcla de yemas en un hilo lento y continuo, batiendo constantemente. Vuelva a colocar la mezcla en la olla. Cocine sobre temperatura media de 5 a 6 minutos, batiendo constantemente, hasta que la mezcla espese y registre 77ºC (170ºF) en un termómetro de lectura instantánea. Retire del calor e incorpore la grenetina hidratada. Usando una coladera de malla fina, cuele la natilla hacia un tazón. Incorpore el brandy, vainilla y nuez moscada. Coloque el tazón en un tazón más grande con un poco de agua con hielo, cerca de 10 minutos, y bata ocasionalmente hasta que la mezcla se enfríe y empiece a cuajarse.

Mientras tanto, bata la crema hasta que se formen picos suaves (página 80). Usando una espátula grande de goma, incorpore una tercera parte de la crema con la natilla, con movimiento envolvente e integre la crema restante. Vierta la natilla en el molde preparado. Refrigere por lo menos 4 horas, hasta que cuaje.

Invierta el molde sobre un platón y caliente los lados del molde con una toalla de cocina remojada en agua caliente y exprimida. Levante el molde. Decore la superficie con rizos de chocolate. Refrigere hasta el momento de servir.

RINDE 8 PORCIONES

TEMPLANDO HUEVOS

Si las yemas de huevo se calientan demasiado rápido, se cuajan. Para evitarlo cuando haga la base de natilla para esta bavaresa y algunas recetas similares, debe "templar" los huevos o calentarlos ligeramente. Primero, vierta leche caliente en un hilo delgado sobre las yemas y el azúcar, batiendo constantemente. Cuando vuelva a colocar esta mezcla en la olla sobre calor medio, bata constantemente para calentar los huevos en forma gradual y espesar la natilla. Use un termómetro de lectura instantánea para revisar la temperatura. No deberá elevarse a más de 77ºC (170ºF) o los huevos se cuajarán.

PASTEL VASCO

Precaliente el horno a 165ºC (325ºF). Cubra la base de un molde para pastel redondo de 23 x 7.5 cm (9 x 3 in) con papel encerado (para repostería). Cierna la harina con el polvo para hornear y la sal sobre una hoja de papel encerado; reserve. Retire la cáscara de la naranja y exprima su jugo (vea explicación a la izquierda). Deberá tener ⅓ taza (80 ml/3 fl oz) de jugo.

Usando una batidora de pie adaptada con el batidor, bata 3 huevos y el azúcar a velocidad alta, de 4 a 5 minutos, hasta que la mezcla esté pálida, espesa y casi duplique su volumen. Reduzca la velocidad a baja. Integre la ralladura y el jugo de naranja; agregue la vainilla. Aumente la velocidad a media-baja y añada los ingredientes secos en 3 adiciones alternando con la mantequilla derretida en 2 adiciones, empezando y terminando con los ingredientes secos e integrando la mantequilla lentamente. Bata hasta mezclar.

Vierta la mitad de la masa en el molde preparado, extendiéndola hacia las orillas con una espátula angular pequeña para repostería. Cubra con la crema pastelera, usando una espátula, dejando una orilla de 2.5 cm (1 in) alrededor del molde libre de crema. Extienda la mermelada cuidadosamente sobre la crema pastelera, dejando una orilla de 2.5 (1 in) alrededor del molde libre de mermelada. Cubra con la mezcla restante, extendiéndola cuidadosamente hasta la orilla del molde, cubriendo la crema pastelera y la mermelada.

En un tazón pequeño, bata el huevo restante con el agua y barnice suavemente la mezcla sobre el pastel (Tendrá sobrantes.) Hornee de 50 a 55 minutos, hasta que el pastel se esponje y dore. Deje enfriar totalmente sobre una rejilla de alambre. Pase un cuchillo de mesa alrededor de la orilla del molde e invierta el pastel sobre un platón. Retire el papel encerado y voltee el pastel.

RINDE DE 8 A 10 PORCIONES

2 tazas (250 g/9 oz) de harina de trigo (simple) sin blanquear

2 cucharaditas de polvo para hornear

¼ cucharadita de sal

1 naranja mediana

4 huevos grandes, a temperatura ambiente

1¼ tazas (250 g/9 oz) de azúcar

2 cucharaditas de extracto (esencia) de vainilla

¾ taza (170 g/6 oz) de mantequilla, derretida y a temperatura ambiente

Crema Pastelera (página 113), fría

¼ taza (70 g/2½ oz) de mermelada de cereza, frambuesa o fresa

1 cucharada de agua

NESSELRODE

5 huevos grandes, a temperatura ambiente

¾ taza (155 g/5½ oz) de azúcar

1 taza (110 g/4 oz) de harina para pastel, cernida

¼ taza (0 g/2 oz) de mantequilla sin sal, derretida y a temperatura ambiente

PARA EL RELLENO Y BETÚN:

1 taza (225 ml/8 fl oz) de crema espesa (doble)

Crema Pastelera (página 113), fría

½ taza (85 g/3 oz) más 2 cucharadas de mezcla de frutas secas, como uvas pasas, arándanos y cerezas y ralladura de cítricos caramelizada picada (página 105)

½ taza (70 g/2½ oz) más 2 cucharadas de almendras rebanadas (hojuelas), ligeramente tostadas (página 47)

1 cucharadita de Grand Marnier o licor de naranja

Miel de Azúcar (página 55)

Betún de Vainilla (página 115)

6 castañas caramelizadas, finamente rebanadas (opcional)

Precaliente el horno a 190ºC (375ºF). Cubra la base de un molde para pastel redondo de 23 x 7.5 cm (9 x 3 in) con papel encerado (para repostería).

Usando una batidora de pie adaptada con el batidor, bata los huevos y el azúcar a velocidad alta cerca de 5 minutos, hasta que la mezcla triplique su volumen. Retire el tazón de la batidora. Cierna la harina sobre la mezcla de huevos en 2 adiciones y cuidadosamente integre con una espátula grande de goma, usando movimiento envolvente. Integre una cucharada grande de la mezcla en la mantequilla derretida y vuelva a incorporar con la mezcla de huevos. Vierta en el molde preparado y empareje la superficie. Hornee de 20 a 25 minutos, hasta que el pastel se esponje. Deje enfriar totalmente sobre una rejilla de alambre.

Mientras tanto, haga el relleno y el betún. Bata la crema hasta que se formen picos suaves (página 80). Coloque la crema pastelera en un tazón e integre la crema batida en 2 adiciones. Incorpore la ½ taza de fruta seca y ralladura caramelizada y las 2 cucharadas de almendras. En un tazón pequeño, mezcle el Grand Marnier con la miel de azúcar.

Pase un cuchillo de mesa alrededor de la orilla del molde y desprenda el pastel sobre una superficie de trabajo. Voltee el pastel, dejando el papel encerado. Córtelo en 3 capas iguales (página 48). Coloque la capa superior sobre un platón, con la cara cortada hacia arriba. Barnice la capa con un poco de miel. Extienda la mitad de la mezcla de crema batida sobre la superficie. Coloque la capa central sobre la crema. Barnice con un poco de miel y cubra con la mezcla de crema restante. Coloque la tercera capa sobre la crema, con la cara cortada hacia abajo y retire el papel encerado. Barnice con la miel restante. Refrigere 30 minutos.

Extienda el betún sobre la superficie y lados del pastel (página 111). Presione la ½ taza de almendras sobre los lados. Acomode las 2 cucharadas de frutas secas, ralladura caramelizada y rebanadas de nuez (si las usa) haciendo un círculo alrededor de la orilla superior del pastel. Refrigere hasta 30 minutos antes de servir para que el betún tome consistencia.

RINDE DE 10 A 12 PORCIONES

PASTEL NESSELRODE

Este pastel está inspirado en el pudín de Nesselrode, un postre ruso hecho de castañas, natilla, frutas secas, ralladura caramelizada y crema. Se inventó a principios del siglo XIX para honrar al conde de Nesselrode, un personaje importante en el tratado de la Santa Alianza de 1815, un pacto entre los monarcas de Austria, Prusia y Rusia. Más tarde, el pudín fue introducido en una de las comidas importantes que el novelista Marcel Proust describe en su libro "Rememberance of Things Past" ("En Busca del Tiempo Perdido"). En esta receta, las capas del pastel se rellenan con una mezcla deliciosa que nos recuerda el legendario postre ruso.

PASTELES DECORADOS

Cualquier pastel se puede decorar fácilmente. Cree un diseño sencillo y elegante espolvoreando azúcar glass o agregue textura a un pastel sencillo con betún usando una variedad de técnicas sencillas que pueden dominarse fácilmente. Con un poco de práctica, también podrá aprender a usar la manga de repostería, hacer rizos de chocolate y flores caramelizadas

DECORANDO CON
AZÚCAR GLASS Y COCOA

PATRONES DE PASTEL

Para hacer patrones de papel encerado (para repostería), corte una pieza de papel ligeramente más grande del diámetro del pastel. Para facilitarlo, dibuje formas relativamente sencillas (círculos, triángulos, estrellas), o marque con moldes para galletas, colocando las formas con cierta separación. Corte las formas con tijeras pequeñas y filosas y coloque el patrón sobre el pastel espolvoreándolo con azúcar glass o cocoa, espolvoreando sobre las áreas del pastel expuestas a través del papel. Levante el papel hacia arriba con cuidado.

Para hacer un diseño muy sencillo, coloque una rejilla de alambre para enfriar sobre un pastel. Coloque aproximadamente ⅓ de taza (30 g/1 oz) de azúcar glass en una coladera de malla fina y golpee la coladera suavemente a medida que la mueve sobre el pastel. Si lo desea, corte tiras anchas de papel encerado (para repostería) y acomódelas sobre el pastel para hacer un diseño sencillo, en forma de reja, y espolvoree el pastel con azúcar glass.

Para lograr un diseño más complicado, corte un patrón de papel encerado. Hágalo lo más sencillo posible ya que los diseños complicados pueden salir confusos. Coloque el patrón sobre el pastel y, usando una coladera de malla fina, espolvoree con azúcar glass. Retire el patrón con cuidado.

Para hacer un diseño bicolor, use una coladera de malla fina para cernir el azúcar glass sobre el pastel. Coloque un molde pequeño para brioche o un molde pequeño para tarta en el centro del pastel y cierna un poco de cocoa en polvo alrededor de él (vea la Tarta de Chocolate con Poca Harina). O, cierna cocoa sobre el pastel, acomode tiras de papel encerado sobre el pastel haciendo una reja, espolvoree el pastel con azúcar glass y retire las tiras con cuidado (vea página opuesta).

Nota: Puede comprar patrones reutilizables para pastel en miles de diseños en tiendas especializadas u ordenarlos por correo.

RINDE PARA DECORACIÓN DE 1 PASTEL

1 pastel sin decorar (página 36)

Azúcar glass para espolvorear

Cocoa en polvo estilo holandés para espolvorear (página 13)

DANDO TEXTURA AL BETÚN

**1 pastel embetunado
(página 10)**

Para hacer picos sobre un pastel embetunado, coloque el reverso de una cuchara de servicio (no la cuchara de medir) sobre el pastel embetunado y levántela con rapidez. Use esta misma técnica con una cuchara de mesa para crear ondas.

Para hacer un diseño a cuadros sobre el pastel, tome un tenedor invertido y ligeramente en ángulo sobre el pastel. Dibuje líneas suavemente con los dientes del tenedor sobre el betún, pasándolo dos o tres veces para marcar bandas de líneas entremezcladas con bandas suaves. Rote el pastel 90 grados y repita la operación.

Para hacer ondas sobre un pastel, coloque un peine para decorar en ángulo sobre la superficie en la orilla del pastel. Lleve el peine ligeramente sobre el pastel, haciendo un patrón ondulado. Limpie el peine con una toalla de papel. Coloque el peine sobre la última línea del patrón que hizo y llévelo una vez más sobre el pastel. Continúe esta operación hasta que toda la superficie del pastel tenga textura (vea página opuesta). Para decorar los lados, tome el peine en ángulo contra el lado del pastel y gire el pastel con su otra mano, haciendo líneas horizontales alrededor de toda la circunferencia.

RINDE PARA DECORACIÓN DE 1 PASTEL

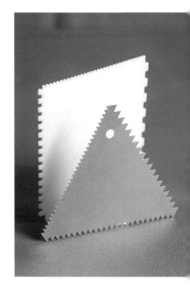

PEINES PARA DECORAR

Los peines para decorar más comunes son los triángulos de metal o plástico, con dientes a cada lado que varían en cantidad y tamaño y algunas veces incluso de forma. También hay cuadros de plástico con lados redondos o peines rectangulares con dientes en uno o en dos de sus lados. Use los peines para hacer líneas onduladas, rectas o circulares sobre las superficies y lados de pasteles embetunados, aplicando siempre una presión uniforme a medida que marca la superficie. Cuide los peines. Deben estar perfectamente planos y tener sus dientes derechos para hacer un buen trabajo.

DECORANDO CON BETÚN

UTENSILIOS PARA DECORAR

Las puntas de repostería, o duyas, usadas con las mangas de repostería (también conocidas como mangas para decorar o embetunar) vienen en una gran cantidad de formas y tamaños, así como las mangas. Muchas de las puntas sirven para hacer decoraciones especiales como pétalos de rosa o rizos. Pero con unas cuantas puntas sencillas y otras de estrella podrá lograr una gran variedad de estilos de decoración. Puede decorar cualquier pastel de esta colección de libros usando únicamente cinco puntas: puntas de estrella de 9 mm (3/8 in), 12 mm (½ in), y 2 cm (¾ in) y puntas sencillas de 9 mm (⅜ in) y 12 mm (½ in). Busque puntas de repostería en las tiendas de utensilios de cocina y repostería u ordénelas por correo.

Reserve aproximadamente 1 taza (225 ml/8 fl oz) del betún antes de embetunar todo el pastel. Para llenar una manga de repostería, coloque una punta en la base de la manga. Gire la manga justo sobre la punta y presione la manga hacia dentro de la punta, para evitar que el betún se salga. Detenga la manga con una mano y doble la tercera parte de arriba de la manga sobre sus dedos doblados, haciendo un puño. Usando una espátula grande de goma, coloque el betún en la manga teniendo cuidado de no ensuciarla por fuera. Desdoble el puño y doble la parte superior para cerrarla hasta donde está el betún. Jale la punta para liberar la manga y, mientras detiene el doblez de la parte superior, use movimiento circular para apretar el betún hacia la punta de la manga. Apriete sobre la bolsa con una mano y guíe la punta con la otra.

Para hacer rosetones, espirales y conchas, use una punta de estrella de cualquier tamaño (vea explicación a la izquierda). Para hacer rosetones, detenga la manga de repostería en posición perpendicular al pastel a 2.5 cm (1 in) de distancia. Presione una pequeña cantidad de betún del tamaño deseado sobre el pastel, deje de presionar y levante para hacer un punto (vea Carlota de Frambuesas, página 67). Para hacer espirales, detenga la manga de repostería en un ángulo de 45 grados del pastel y a 2.5 cm (1 in) de distancia. Presione betún sobre el pastel, moviendo la bolsa en espiral (vea Panquecitos de Chocolate y Naranja, página 32). Para hacer conchas, detenga la manga perpendicularmente sobre la orilla del pastel tocando con la punta. A medida que presiona la manga, levante la punta y vuelva al punto de partida, para formar una onda de betún. Haga ondas continuas alrededor del pastel (vea Pastel de Esponja de Limón, página 60).

Para hacer una orilla simple de bolitas sobre un pastel (vea página opuesta), use una punta simple de cualquier tamaño. Detenga la manga de repostería aproximadamente a 2.5 cm (1 in) del pastel y en posición perpendicular a la superficie del pastel. Presione una bolita y pare. Presione otra bolita junto a la primera. Continúe hasta que la superficie tenga una orilla de bolitas.

RINDE PARA DECORACIÓN DE 1 PASTEL

1 pastel embetunado (página 60)

Betún, crema batida u otro tipo de cubierta para decorar

ADORNANDO CON CHOCOLATE

1 pastel embetunado (página 18)

60 g (2 oz) de chocolate semi amargo o semi dulce (simple), finamente picado

Coloque el chocolate picado en un tazón de acero inoxidable limpio y seco. Coloque el tazón en una olla sobre agua ligeramente hirviendo a fuego lento, pero sin tocar el agua. Caliente el chocolate, y mueva ocasionalmente, hasta que se derrita y no tenga grumos (página 32).

Usando papel encerado (para repostería), corte un triángulo con dos lados de aproximadamente 19 cm (7½ in) y uno de 26.5 cm (10½ in) y haga un cono para decorar con chocolate *(vea explicación a la derecha)*. Usando una cucharita, llene el cono hasta la mitad con el chocolate derretido. Doble la parte superior para cerrar el cono. Con unas tijeras afiladas, corte un pequeño orificio en la punta del cono rellenado. Al decorar, presione el cono con una mano y deténgalo con la otra. Mueva todo su brazo, no solo sus dedos.

Para hacer un patrón tipo encaje, haga una línea alrededor del área a decorar con ese patrón. Trace líneas de cualquier diseño para decorar el espacio (vea Pastel de Avellana con Glaseado de Chocolate, página 54).

Para hacer una telaraña, haga círculos concéntricos, a 2.5 cm (1 in) de distancia, sobre el pastel. Pase un palillo o la punta de un cuchillo desmondador, ligeramente, a través de todos los círculos, yendo del centro hacia la orilla del pastel en intervalos de 2.5 cm (1 in), limpiando el palillo o cuchillo con una toalla de papel húmeda después de cada trazo.

Para hacer un diseño a cuadros, haga líneas paralelas a 12 mm (½ in) de distancia sobre el pastel. Gire el pastel 90 grados y haga otra serie de líneas paralelas *(vea página opuesta)*.

RINDE PARA DECORACIÓN DE 1 PASTEL

HACIENDO UN CONO DE PAPEL

Coloque el lado largo del triángulo hacia usted y, usando su pulgar e índice izquierdos, tome la parte central del triángulo. Con su mano derecha, tome la punta derecha del triángulo y enróllela hacia arriba hasta que llegue a la punta más alejada de usted. Habrá hecho una forma cónica, usando la mitad del triángulo. Detenga las dos puntas con su pulgar e índice derechos. Tomando la otra punta con su pulgar e índice izquierdos, envuelva la mitad restante del triángulo sobre la forma cónica para hacer un cono con una punta, ajustando el papel conforme sea necesario. Doble las puntas hacia dentro. Asegure el cono con un trozo de cinta adherible.

HACIENDO DECORACIONES DE CHOCOLATE

PÉTALOS DE CHOCOLATE

Una vez que sea un experto en hacer pétalos de chocolate, puede usarlos para crear diferentes diseños sobre los pasteles. Los pétalos pequeños o grandes pueden colocarse en círculo alrededor de la orilla de un pastel redondo o en una línea en el centro de un pastel largo. También puede hacer una flor acomodando los pétalos en círculo. Los pétalos deben colocarse uno junto a otro, ligeramente sobrepuestos y en el mismo ángulo, sobre el pastel (vea página opuesta). Si lo desea, agregue un centro a cada flor haciendo un rosetón de betún u otra cubierta (página 98).

Para hacer rizos de chocolate, envuelva la tablilla de chocolate con plástico adherente. Frote entre sus manos de 1 a 2 minutos o meta al microondas a temperatura baja durante 5 segundos. Retire el plástico y, usando un pelador de verduras, raspe la cuchilla a lo largo de la barra para hacer rizos delicados de chocolate, dejándolos caer sobre una hoja de papel encerado. Si los rizos se desmenuzan, significa que el chocolate está demasiado frío; caliéntelo otra vez antes de continuar. Si no usa los rizos inmediatamente, déjelos reposar a temperatura ambiente. Para almacenarlos durante más tiempo colóquelos en un recipiente hermético dentro del refrigerador hasta por 2 semanas. Para decorar un pastel, coloque los rizos en una espátula angular pequeña para repostería en vez de ponerlos en sus manos, lo cual podría derretir el chocolate (vea Pastel Selva Negra, página 22).

Para hacer pétalos de chocolate, pegue una hoja de plástico adherente sobre la charola para hornear. Coloque el chocolate picado en un tazón de acero inoxidable limpio y seco. Coloque el tazón en una olla sobre agua hirviendo a fuego lento, sin que toque el agua (página 32). Caliente suavemente el chocolate, moviendo de vez en cuando, hasta que se derrita y registre una temperatura de 32ºC (90ºF) en un termómetro de lectura instantánea. (Si no calienta el chocolate a la temperatura correcta puede romperse.) Retire del calor. Para hacer pétalos grandes, sumerja la punta de una espátula para repostería de 4 cm (1½ in) de ancho en el chocolate y haga una banda delgada de 2.5 cm (1 in) de largo sobre el plástico adherente. Continúe haciendo pétalos, sumergiendo la espátula en el chocolate para hacer cada uno. Refrigere los pétalos cerca de 10 minutos, hasta que estén firmes. Para hacer pétalos pequeños, use una espátula de 2 cm (¾ in) de ancho. Almacénelos en un recipiente hermético dentro del refrigerador hasta por 2 semanas.

Para decorar el pastel, use una espátula angular pequeña para repostería y retire los pétalos cuidadosamente del plástico adherente. Acomódelos sobre el pastel, tocándolos lo menos posible.

RINDE APROXIMADAMENTE 1 TAZA (225 G/8 OZ) DE RIZOS O UNOS 80 PÉTALOS

PARA LOS RIZOS DE CHOCOLATE:

1 tablilla (225 g/8 oz) de chocolate semi-amargo o semi-dulce (simple)

PARA LOS PÉTALOS DE CHOCOLATE:

85 g (3 oz) de chocolate semi-amargo, finamente picado

CARAMELIZANDO FLORES FRESCAS Y RALLADURA DE LIMÓN

PARA LAS FLORES CARAMELIZADAS:

1 clara de huevo grande, a temperatura ambiente

De 20 a 50 flores naturales sin pesticidas (vea explicación a la derecha)

Azúcar granulada

PARA LA CÁSCARA CARAMELIZADA:

2 naranjas

1 limón

1½ taza (300 g/10½ oz) más ⅓ taza (70 g/2½ oz) de azúcar granulada

¾ taza (170 ml/6 fl oz) de agua

1 cucharada de jugo de limón fresco

Para hacer las flores caramelizadas, cubra una charola para hornear con papel encerado (para repostería). En un tazón, bata la clara de huevo hasta que se cubra con una espuma ligera. Usando una brocha pequeña y limpia, cubra las flores ligera y uniformemente con clara de huevo. Espolvoréelas con azúcar. Si el azúcar se absorbe después de unos minutos, espolvoree una vez más. Coloque las flores sobre el papel y deje secar a temperatura ambiente durante 24 horas. Use sus dedos para colocarlas cuidadosamente sobre un pastel. Puede almacenarlas hasta por 3 días entre capas de papel encerado dentro de un recipiente hermético a temperatura ambiente.

Para hacer cáscara caramelizada, lave perfectamente las naranjas y el limón. Corte una rebanada de la punta de floración de cada fruta para que pueda colocarse en posición vertical sobre una superficie de trabajo. Trabajando de arriba hacia abajo, use un pequeño cuchillo filoso para cortar las tiras de cáscara, dejando la capa blanca intacta. Apile las tiras y córtelas a lo largo en tiras delgadas de 6 mm (¼ in) de ancho. Hierva agua en una olla. Agregue las tiras de cáscara y cocínelas 5 minutos. Escurra la cáscara, vuelva a poner agua en la olla y repita la operación. En otra olla sobre calor medio, hierva 1½ tazas de azúcar, ¾ taza de agua y el jugo de limón, moviendo ocasionalmente. Agregue las tiras de cáscara, reduzca a temperatura muy baja (hirviendo muy lentamente), y cocine cerca de 30 minutos, hasta que las tiras estén suaves y transparentes. Con un tenedor, saque las tiras de la miel y colóquelas sobre una rejilla de alambre colocada sobre papel encerado, asegurándose de que las tiras no se toquen. Deje enfriar a temperatura ambiente durante la noche.

Coloque ⅓ de taza de azúcar en un tazón pequeño y ancho. Integre la cáscara en el azúcar, colocando 10 tiras de cáscara a la vez. Si no usa la cáscara inmediatamente, almacene en un recipiente hermético. Puede almacenarlo hasta por 1 mes a temperatura ambiente..

Nota: Las flores caramelizadas usan claras de huevo crudas. Para más información, vea la página 109.

RINDE DE 20 A 30 FLORES CARAMELIZADAS O APROXIMADAMENTE ½ TAZA (85 G/3 OZ) DE CÁSCARA CARAMELIZADA

FLORES COMESTIBLES

Diferentes variedades de flores naturales comestibles se pueden caramelizar para decorar o acompañar pasteles. Las mejores opciones son los botones pequeños con pétalos de figuras sencillas que pueden barnizarse con clara de huevo y cubrirse con azúcar granulada fácilmente. Estas incluyen a las violetas, pensamientos, rosas pequeñas y lilis del Perú. Es muy importante buscar flores que hayan crecido sin pesticidas. Las puede encontrar en los mercados, cultivarlas usted mismo o adquirirlas del jardín de alguna amiga. Si no puede asegurarse de que alguna flor sea comestible o no haya sido rociada con pesticidas, es mejor no usarla.

TEMAS BÁSICOS SOBRE PASTELES

Algunos pasteles dependen de ciertos ingredientes básicos y unas cuantas técnicas sencillas. Otros, son creaciones muy laboriosas llevando varias capas, rellenos elegantes y betunes ondulados. No importa la receta que elija, a continuación presentamos algunos consejos que le ayudarán a hacer sus pasteles a la perfección.

MISE EN PLACE

La frase francesa *mise en place*, que significa literalmente "poner en su lugar", es una regla importante al hacer un pastel, que indica que todos los ingredientes se deben medir antes de empezar alguna receta. Pero el *mise en place* debe empezar aún antes de medir los ingredientes. Antes que nada, lea la receta de principio a fin para asegurarse de que tiene todos los ingredientes a la mano, que comprende el orden en el que los usará y que entiende los pasos a seguir. Al mismo tiempo, revise que tenga todos los utensilios necesarios y los moldes del tamaño indicado (página 112). A continuación, lea acerca de las técnicas especiales que sean nuevas para usted o que tenga que recordar como son: mezclar con movimiento envolvente, batir las claras o usar una manga de repostería. Posteriormente, cuando esté seguro que al hacer el pastel no tendrá distracciones, estará listo para empezar.

INGREDIENTES

La mayoría de las recetas piden relativamente pocos ingredientes comunes. El sabor de un pastel terminado refleja lo que lleva, por lo que siempre debe usar los ingredientes más frescos y de mejor calidad.

HARINA

Se cultivan dos tipos de trigo: el duro, que es alto en proteína, y el suave, que tiene menos proteína y más levadura. La proteína permite a la masa formar una red de hilos entrelazados que se esponjan, llamado gluten. Es lo que le da elasticidad a la masa cuando ésta se amasa, una característica recomendable para el pan, pero no para los pasteles pues los endurece. A diferencia de las masas para pan, las masas para pastel se manipulan lo menos posible después de haberles agregado la harina

Los pasteles están hechos con harina de trigo (simple) o con harina preparada para pastel (de trigo suave). La harina de trigo, una mezcla de harinas de trigo suave y duro, se recomienda para una amplia gama de alimentos horneados, incluyendo muchos pasteles. La harina preparada para pastel está molida más finamente, tiene menos gluten y es mejor para los pasteles delicados, ya que hace migas más finas.

La harina recién molida tiene un matiz marfil. La harina para pastel se blanquea, se hace más blanca, por razones estéticas. Este proceso también reduce ligeramente la cantidad de proteína. La harina de trigo se puede encontrar tanto blanqueada como sin blanquear. Algunos pasteleros prefieren usar únicamente la harina sin blanquear para evitar un químico innecesario y por que creen que al final se percibe la diferencia.

AZÚCAR

Los pasteleros usan azúcar procesada en varias formas, ya sea de caña de azúcar o de remolacha. El azúcar granulada tiene más del 99 por ciento de sucrosa pura, un azúcar doble, compuesta de glucosa y fructosa. No sólo aumenta el sabor dulce a los pasteles sino que también los mantiene húmedos, les ayuda a dorarse y ayuda a la consistencia final del pastel, en especial en los pasteles de mantequilla. Cuando la mantequilla y el azúcar se baten juntos, que es el primer paso para hacer los pasteles de mantequilla, los cristales filosos ayudan a atrapar aire, el cual le da volumen al pastel. También ayuda a estabilizar las claras de huevo batidas.

Cuando el azúcar se calienta con el agua se forma una miel. Si se le agrega algún saborizante, como licor o extracto (esencia) de cítricos, con ella se puede barnizar el pastel para darle humedad y sabor. Si el azúcar y el agua se hierven, la miel pierde humedad haciéndose más concentrada.

Una vez que la miel alcanza los 120ºC (250ºF) en un termómetro para repostería, se puede verter gradualmente hacia las claras de huevo mientras se baten y obtener un merengue brillante y firme. Si continúa cocinando la miel a más de 120ºC (250ºF), eventualmente se tornará color caramelo oscuro, y puede convertirse en salsa si se le agrega un líquido caliente.

El azúcar super fina, también conocida como azúcar caster, es azúcar granulada molida en cristales más finos. Como los cristales son más pequeños, se disuelven con más rapidez, lo cual la convierte en el azúcar ideal para usarse en masas de pasteles delicados o para batir claras de huevo.

El azúcar glass, también conocida como azúcar pulverizada o azúcar para repostería, es azúcar granulada que ha sido molida hasta convertirse en polvo. Algunos fabricantes mezclan una pequeña cantidad de fécula de maíz con el azúcar para evitar que se aglutine. Como se disuelve rápidamente, el azúcar glass a menudo se integra con las claras de huevo en el último paso para hacer un merengue o para batirse con crema batida. Si se cierne un poco de azúcar glass sobre el merengue o las soletas (página 113) justo antes de meterlas al horno, les ayuda a mantener su forma mientras se hornean. Algunas veces también se espolvorea un poco de azúcar glass para decorar pasteles terminados (página 94).

El azúcar morena contiene miel de caña oscura que le da color y sabor. El azúcar tiene una consistencia húmeda y un fuerte sabor, lo cual complementa el pan de jengibre (página 79) y los pasteles de especias (página 40). El azúcar morena viene en dos tipos, clara y oscura; su diferencia depende de la cantidad y el tipo de miel usada en su fabricación.

La melaza es un líquido dulce y oscuro hecho de jugo o miel de caña, se obtiene al lavar los cristales de la caña de azúcar en una refinería. Se calienta para cristalizar el azúcar, que posteriormente se retira. El líquido resultante se pasteuriza y se filtra para producir melaza clara. El líquido se puede calentar y cristalizar más de una vez; esto hace que la melaza se haga más oscura y menos dulce. Los fabricantes mezclan estos líquidos para hacer melaza oscura o blackstrap. Entre más oscura sea la melaza, será más fuerte su sabor.

MANTEQUILLA

La mayoría de la mantequilla disponible es ligeramente salada para aumentar su durabilidad. Sin embargo, para hornear siempre debe usar mantequilla sin sal. Ésta tiene un sabor más fresco y cremoso, además le permitirá controlar la cantidad de sal en la masa de sus pasteles.

Muchas cremerías producen mantequilla con un alto contenido de grasa, algunas veces hasta del 86 por ciento. A menudo etiquetada "estilo europeo", esta mantequilla contiene menos agua y los pasteles hechos con ella tienden a ser más sabrosos, húmedos y con una textura más aterciopelada. El sabor de la mantequilla es más importante que su contenido de grasa, por lo que siempre debe elegir la mantequilla que a usted le guste.

La mayoría de los pasteles piden mantequilla a temperatura ambiente. La mantequilla fría se bate con más dificultad y puede hacer que la masa se separe al agregar los huevos.

HUEVOS

Los huevos juegan diferentes papeles al hacer pasteles, algunos de ellos sumamente importantes. Las yemas ayudan a que se emulsifiquen las masas y contribuyen a lograr migas suaves; las claras proporcionan a los pasteles su estructura. Las burbujas atrapadas en las claras batidas ayudan a los pasteles a elevarse. Para batir use siempre claras de huevo a temperatura ambiente y así se asegurará de que alcancen su altura óptima. Si olvidó retirarlas del refrigerador a tiempo, caliente los huevos en el cascarón dentro de un tazón con agua caliente de la llave, antes de separarlos. Nunca los caliente demasiado y, cuando los integre a las masas usando movimiento envolvente, no mezcle demasiado. Esto desinflará las burbujas que garantizan la elevación.

También los huevos enteros que van en la masa de un pastel deben estar a temperatura ambiente. Los huevos fríos pueden hacer que la mantequilla se enfríe demasiado y que la masa se separe.

Los huevos tienen diferente tamaño de

acuerdo a su peso. Por ejemplo, una docena de huevos enteros pesa 670 g (24 oz), mientras que la misma cantidad de huevos de tamaño extra grande pesa 755 g (27 oz). Todas las recetas de este libro piden huevos grandes. No los sustituya por otro tamaño o el resultado podrá desilusionarlo. Refrigere los huevos tan pronto los lleve a su casa y úselos antes de su fecha de caducidad, que es de 30 días después de su fecha de empaque.

Hoy en día, muchos cocineros están preocupados por la posible presencia de la bacteria de la salmonela en los huevos. Si cocina los huevos a 60°C (140°F) durante 3 minutos, o hasta obtener una temperatura de 71°C (160°F) se destruirá la salmonela existente, si la hubiera. Los niños pequeños y las personas de edad avanzada, mujeres embarazadas y aquellas personas con un sistema inmunológico débil, no deben comer huevos semi-cocidos o crudos. Las claras de los huevos crudos únicamente se usan en una receta de este libro, las flores caramelizadas (página 105). Para aquellas personas preocupadas acerca de la seguridad de los huevos, use claras pasteurizadas en lugar de las crudas de esta receta.

EXTRACTO DE VAINILLA

El extracto (esencia) puro de vainilla se obtiene de una vaina tropical, un miembro de la gran familia de la orquídea, mediante un proceso muy laborioso. Las vainas, que parecen ejotes verdes, se cultivan a los nueve meses y se curan para desarrollar su sabor

característico. Finalmente, se remojan en alcohol para extraer su sabor. Existen muchos tipos de vainilla, pero los dos preferidos por los pasteleros son la de Bourbon-Madagascar y la de Tahití. Ambas son aromáticas y tienen mucho sabor, pero la de Tahití tiene más sabor floral. La vanillina, una imitación de la vainilla, es un sustituto pobre de la vainilla auténtica.

TÉCNICAS

Existen algunas técnicas básicas para hacer cada pastel y todo pastelero debe conocerlas a la perfección para poder hacer atractivos y deliciosos pasteles.

PESANDO Y MIDIENDO

El éxito en repostería depende de ser preciso, ya que es muy importante tener la cantidad exacta de cada ingrediente. Es más exacto pesar los ingredientes secos que medirlos en tazas, por lo que si hace pasteles con frecuencia, una báscula sería una buena inversión. Sin embargo, si usa tazas para medir, siempre tenga presente que: las tazas para medir ingredientes secos son diferentes a las que se usan para los líquidos. Las tazas para medir ingredientes secos son de metal o plástico grueso y tienen sus lados rectos, mientras que las tazas para medir líquidos son de vidrio o plástico transparente, parecen jarras y tienen marcas verticales en sus lados para indicar las cantidades.

Al medir un ingrediente seco, como harina o azúcar, coloque el ingrediente a

cucharadas en una taza de medir sin presionarlo, y nivélelo con la punta de un cuchillo. Las cucharas de medir pueden introducirse en un recipiente y después nivelarlas. El azúcar morena debe compactarse bien en la taza de medir. Para medir un líquido, viértalo en la taza y revise colocándola al nivel del ojo.

Los ingredientes secos algunas veces se ciernen para airearlos o combinarlos. Un cernidor o una coladera de malla fina harán esta función. Si cierne sobre un papel encerado evitará tener que limpiar un tazón.

HORNEANDO PASTELES

Para lograr un horneado perfecto, le damos algunos consejos: La temperatura dentro del horno a menudo no coincide con la del termostato. Coloque un termómetro para horno sobre la rejilla en la que se está horneando el pastel para revisar la precisión de su horno y ajuste el termostato. Ningún horno calienta uniformemente, por lo que debe revisar cuáles son los puntos calientes de su horno. Siempre gire los moldes 180 grados a la mitad del tiempo de horneado, aunque la receta no lo indique, para asegurar un horneado más uniforme, especialmente si usa moldes rectangulares grandes. El calor es más uniforme en el centro de un horno, por lo que debe hornear los pasteles en la rejilla central. A menos que la receta indique lo contrario, deje enfriar los pasteles dentro del molde sobre una rejilla de alambre, durante 10 minutos, antes de sacarlos del molde.

EMBETUNANDO UN PASTEL EN CAPAS

Para proteger el platón coloque 4 tiras de papel encerado bajo la capa inferior y junto a las orillas. Posteriormente, acomode las capas y el relleno como lo indica la receta. Use una espátula recta para repostería tan larga como el diámetro del pastel. Sumérjala en agua caliente después de cada pasada y séquela (una espátula caliente emparejará el betún más fácilmente que una fría). Siga los pasos mostrados en la página opuesta para embetunar un pastel:

1 Aplicando una capa de betún: Usando una brocha de repostería seca, retire suavemente todas las migas de la superficie y lados del pastel. Coloque una tercera parte del betún sobre el pastel. Emparéjelo sobre la superficie y lados del pastel para cubrir por completo. Esta capa delgada pegará las migas a la superficie.

2 Embetunando la superficie: Si necesita un poco del betún para decorar y terminar un pastel, separe la cantidad indicada en la receta. Coloque el betún restante en el centro de la superficie del pastel y empareje uniformemente. El betún cubrirá la superficie con una capa gruesa.

3 Cubriendo los lados: Empareje uniformemente el betún del pastel hacia los lados, girando el pastel a medida que lo hace. Al cubrir los lados, tome la espátula casi en posición perpendicular a la superficie del pastel.

4 Emparejando el betún: Tomando la espátula en posición casi horizontal, paralela a la superficie del pastel, empareje la superficie con trazos largos. Pase la espátula alrededor de los lados, emparejando el betún lo más posible. Usando trazos cortos, retire el exceso de betún de la orilla de la superficie. Deseche las tiras de papel encerado.

Una charola giratoria para decorar pasteles facilita esta tarea. La charola giratoria es un círculo o rectángulo de metal o plástico colocado sobre una base con mecanismo giratorio, parecido a una lazy Susan. Coloque el pastel relleno en un platón sobre la charola giratoria y siga las instrucciones antes mencionadas, girando la charola con una mano a medida que detiene la espátula con la otra.

SIRVIENDO PASTELES

Sirva los pasteles a temperatura ambiente para apreciar mejor su sabor, a excepción de los pasteles hechos con grenetina, como son los pasteles de mousse y los cubiertos con crema batida que deben refrigerarse hasta el momento de servirse para que permanezcan firmes.

Use un cuchillo filoso de sierra o uno con cuchilla delgada para cortar los pasteles. Los pasteles delicados y ligeros, como el chiffon y el bocado de ángel son difíciles de rebanar ya que son muy flexibles; es mejor usar un cuchillo de sierra con movimiento suave.

Si un pastel está embetunado o relleno, o si es un pastel de queso, sumerja la cuchilla en agua y límpielo después de cada corte.

EQUIPO

Además de los utensilios básicos como un cernidor de harina, tazones para mezclar, tazas y cucharas para medir y varios moldes para pastel descritos a continuación, usted querrá tener otro equipo a la mano para hacer pasteles. Las recetas de este libro se preparan con una batidora de pie. Ésta tiene un tazón para mezclar y viene con tres utensilios: una paleta, para acremar mantequilla y combinar ingredientes secos y húmedos, entre otras funciones; un batidor, para batir claras de huevo o crema espesa (doble) o crema dulce y un gancho para masa, para amasar masa fermentada con levadura como la del Babas au Rhum (página 83). También puede usar un batidor globo de metal para incorporar aire en la crema batida o claras de huevo.

Una espátula grande de goma es esencial para hacer mezclas o combinar ingredientes de diferentes densidades, como crema batida y puré de fruta u otro saborizante, y para mezclar otras sustancias con la masa, como las nueces. Las espátulas para repostería ya sean rectas o angulares, también son útiles. Las primeras son flexibles, de metal recto; elija una con una hoja tan larga como el diámetro del pastel que vaya a embetunar. Las hojas de metal de las espátulas angulares forman un ángulo recto con su mango. Este diseño no sólo es útil para embetunar pasteles, sino también para emparejar la masa después de vaciarla en el molde. Ambos tipos de espátulas también llevan el nombre de espátulas de repostería.

Por último, si usted hace pasteles decorados, querrá tener un peine para decorar (página 97) y otros utensilios, incluyendo una manga de repostería y una variedad de puntas básicas (página 98).

MOLDES PARA PASTEL

La forma de un pastel mejora su apariencia. Aunque muchos pasteles de este libro se hornean en moldes redondos de 23 cm (9 in), ya sea de 5 ó 7.5 cm (2-3 in) de profundidad, hay moldes de otras formas. Tanto el Pastel de Zanahoria (página 17) como el Pan de Jengibre Volteado con Peras Caramelizadas (página 79) se hornean en moldes cuadrados. El pastel de zanahoria tradicionalmente se corta en rebanadas cuadradas y es más fácil cortar el pan de jengibre en cuadros.

Los moldes rectangulares son buenas opciones para los pasteleros. Puede cortar el pastel en rectángulos más pequeños y colocar capas de pastel con un relleno y así obtener un elegante pastel, como el Pastel de Avellana con Glaseado de Chocolate (página 54). Puede usar el mismo molde para hornear una capa delgada, como la base para los dos niños envueltos de este libro (páginas 52 y 71). Los moldes rectangulares también se usan para hornear los merengues de las Duquesas de Avellana (página 47) y los Vacherins de Chocolate (página 51).

Un molde desmontable, un molde adaptado con una palanca que separa los lados de la base del molde, es útil para hornear pasteles particularmente sólidos, como los pasteles de queso que de otra forma sería muy difícil retirarlos del molde. También sirve para armar pasteles de mousse (página 84). Los moldes altos de rosca son ideales para los pasteles de masa ligera y delicada como el chiffon y el bocado de ángel; ambos deben tener un tubo en el centro para hornearse uniformemente y detenerse al elevarse. Los moldes de barra son perfectos para los panqués (página 31) y otros pasteles en barra como la Barra de Dátil y Nuez (página 76). El molde para panqués de 6 cm (2½ in) de ancho y 3 cm (1¼ in) de profundidad, es el indicado para los panqués (página 32). Los moldes de Bundt, moldes profundos de rosca con lados labrados, imprimen su forma decorada sobre los pasteles que se hornean en ellos.

En este libro se piden algunos moldes especiales: un molde savarin, un molde bajo de rosca, usado para hornear un pastel de levadura remojado en miel que lleva ese nombre, aquí lo usamos para hacer el Pastel de Chocolate y Almendra con Salsa de Caramelo (página 44). Los moldes para babas, unos recipientes individuales con lados inclinados, se usan para hacer los Babas au Rhum remojados en miel (página 83). Los moldes popover, similares en forma y tamaño que se detienen con una charola, se encuentran con más facilidad y pueden usarse para hacer estos pasteles. Un molde de brioche, con lados muy ondulados, se usa para hornear el Pastel de Manzana con Canela (página 28) y para armar el Pastel de Bavaresa de Eggnog (página 87). Un molde de carlota, redondo y profundo, con sus lados acampanados sirve para la Carlota de Frambuesa (página 67) y también para hornear el pastel Cloche Café (página 48).

Los moldes sencillos de metal vienen en todas estas formas. Los moldes de metal oscuro absorben más fácilmente el calor que los de metal claro y por lo tanto tienden a hornear con más rapidez. Los moldes de vidrio o cerámica también conducen y retienen bien el calor, lo cual puede dorar demasiado. Por último, muchos moldes están cubiertos con un recubrimiento antiadherente, lo que permite desprender los pasteles con más facilidad, pero puede dorarlos demasiado. En todos los casos, siempre cuide sus pasteles, ya que quizás tenga que reducir la temperatura ligeramente así como el tiempo de horneado.

PREPARANDO MOLDES

Con excepción de los moldes para rosca usados para hornear el chiffon o bocado de ángel, que necesitan superficies libres de grasa para ayudarles a elevarse, los moldes de pastel se cubren con papel encerado (para repostería) o se engrasan con mantequilla para desmoldarlos con facilidad. Si el molde tiene lados rectos, como el molde para pastel redondo de 23 cm (9 in), cubra la base con un disco de papel encerado cortado al tamaño exacto, y pase un cuchillo de mesa alrededor de los lados del pastel frío justo antes de sacarlo del molde. Si cubre los moldes rectangulares con papel encerado también podrá sacar del molde los pasteles grandes con mayor facilidad. Engrase con bastante mantequilla suave, que no esté derretida, los moldes con lados ondulados como los moldes Bundt.

RECETAS BÁSICAS

SOLETAS

5 huevos grandes, separados, más 1 yema de huevo grande, a temperatura ambiente

2/3 taza (125 g/4½ oz) de azúcar granulada

1 taza (125 g/4½ oz) de harina de trigo (simple) sin blanquear, cernida

Azúcar glass, para espolvorear

Precaliente el horno a 200°C (400°F). Si hace soletas para la Carlota de Frambuesa (página 67), dibuje 2 pares de líneas, dejando un espacio de 7.5 cm (3 in) entre cada par (casi de la altura de un molde de carlota con capacidad de 8 tazas/1.8 l/64 fl oz) a lo largo de un papel encerado (para repostería), lo suficientemente grande para cubrir una charola para hornear de 30 x 45 x 2.5 cm (12 x 18 x 1 in). Deberá tener 4 líneas. Sobre otra hoja de papel encerado trace 2 círculos, usando la base y orilla del molde. Un círculo será más pequeño que el otro. Coloque los papeles sobre charolas para hornear, colocando las marcas hacia abajo.

Usando una batidora de pie adaptada con el batidor, bata las claras de huevo a velocidad media, hasta que empiecen a esponjarse. Agregue una tercera parte del azúcar granulada y bata hasta que las claras estén opacas e incorpore otra tercera parte del azúcar. Cuando las claras empiecen a aumentar su volumen y a tornarse firmes, agregue el azúcar restante y aumente a velocidad alta. Bata hasta que las claras formen picos suaves, pero aún se vean húmedas. En un tazón, bata las yemas a mano, hasta mezclar. Usando una espátula grande de goma, mezcle cuidadosamente las yemas con las claras batidas, con movimiento envolvente. Cierna la mitad de la harina sobre la mezcla de huevos e integre con movimiento envolvente. Repita la operación con el resto de harina.

Llene una manga de repostería adaptada con una punta sencilla de 2 cm (¾in) con la masa (página 98). Haga círculos concéntricos para llenar los 2 círculos del papel encerado. En la otra hoja de papel, haga tiras de masa de 7.5 cm (3 in) entre las líneas, con las orillas tocándose ligeramente. Deberá tener aproximadamente 24 soletas. Las soletas se extenderán al hornearse y se pegarán, pero aún mantendrán su forma individual. Usando una coladera de malla fina, espolvoree los círculos y las tiras con una capa delgada de azúcar glass. Hornee de 10 a 12 minutos, hasta que la masa se esponje, se dore y se rompa ligeramente. Pase la hoja a una rejilla de alambre y deje enfriar las soletas totalmente. Rinde aproximadamente para 24 soletas, más 2 círculos de pastel.

Variación: Para hacer soletas de chocolate para el Pastel de Bavaresa de Eggnog (página 87), siga las indicaciones anteriores usando 3 huevos grandes, separados; ½ taza (100 g/3½ oz) de azúcar granulada y ½ taza (70 g/2½ oz) de harina de trigo (simple) sin blanquear. Cierna 2 cucharadas de cocoa en polvo estilo holandés (página 13) con la harina. Necesitará una charola para hornear y una hoja de papel encerado marcada como se indica anteriormente con 2 juegos de líneas, cada uno con una separación de 7.5 cm (3 in) entre ellos. Rinde aproximadamente para 20 soletas de chocolate.

CREMA PASTELERA

1 taza (225 ml/8 fl oz) de leche

5 cucharadas (70 g/2½ oz) de azúcar

3 yemas de huevo grande

2 cucharadas de fécula de maíz

1 cucharadita de extracto (esencia) de vainilla

En una olla pequeña sobre fuego medio, caliente

¾ de taza (170 ml/6 fl oz) de la leche y 2 cucharadas del azúcar, moviendo para disolver el azúcar, hasta que aparezcan pequeñas burbujas en la orilla. Mientras tanto, en un tazón, bata las yemas de huevo con las 3 cucharadas restantes de azúcar, hasta integrar por completo. En un tazón pequeño, bata el ¼ de taza (55 ml/2 fl oz) de leche restante y la fécula de maíz; integre con la mezcla de yemas.

Vierta la mezcla de leche caliente sobre la mezcla de yemas en un chorro lento y continuo, batiendo constantemente; vuelva a poner la mezcla en la olla. Hierva a fuego medio, batiendo constantemente. Integre la vainilla. Vierta la crema pastelera en un tazón, cubra con plástico adherente y refrigere hasta que la necesite, o hasta por 4 días. Rinde aproximadamente 1 taza (225 ml/8 fl oz).

SALSA DE CARAMELO

¾ de taza (170 ml/6 fl oz) de agua

1 taza (200 g/7 oz) de azúcar

1 taza (225 ml/8 fl oz) de crema espesa (doble) o crema dulce

En una olla grande y gruesa, sobre calor medio hierva ¼ de taza (60 ml/2 fl oz) del agua y el azúcar, moviendo algunas veces, hasta que se disuelva el azúcar. Usando una brocha de repostería húmeda, retire los cristales que se formen en la orilla del molde. Cocine la miel, sin moverla, sobre calor medio-alto de 5 a 10 minutos, hasta que esté de color caramelo claro. Apague el fuego.

Mientras tanto, en una olla sobre calor medio, hierva el ¼ de taza (110 ml/4 fl oz) de agua restante. En otra olla sobre calor medio, caliente la crema justo hasta que hierva e inmediatamente retire del fuego. Usando guantes térmicos, integre gradualmente la crema con la miel en 3 adiciones; hará muchas burbujas. Integre el agua hirviendo en 3 adiciones. Deje que la salsa se enfríe. Cubra y refrigere hasta el momento de usarla, o hasta por 1 semana. Rinde 1 taza (225 ml/8 fl oz).

BETÚN DE MERENGUE DE CAFÉ

¾ de taza (170 g/6 oz) de mantequilla sin sal, a temperatura ambiente

3 claras de huevo grande, a temperatura ambiente

¾ taza (155 g/5½ oz) más 3 cucharadas de azúcar

3 cucharadas de agua

4 cucharaditas de polvo para espresso instantáneo, disuelto en 1 cucharadita de agua hirviendo

En un tazón, bata la mantequilla a mano hasta que esté cremosa.

Usando una batidora de pie adaptada con el batidor, bata las claras de huevo a velocidad media, hasta que empiecen a esponjarse. Agregue 2 cucharadas del azúcar y bata hasta que las claras se opaquen y aumenten en volumen.

Mientras tanto, haga la miel de azúcar: En una olla sobre calor medio, hierva ¾ de taza de azúcar y 3 cucharadas de agua, moviendo de vez en cuando, hasta que el azúcar se disuelva. Usando una brocha húmeda para pasta, retire los cristales que se formen en los lados del molde. Cocine la miel, sin moverla, sobre calor medio hasta que registre los 115°C (240°F) en un termómetro para repostería. Mientras hierve la miel, aumente la velocidad de la batidora a alta y agregue la cucharada restante de azúcar a las claras de huevo.

Cuando la miel registre los 120°C (250°F), retírela del calor. Con la batidora a velocidad alta, integre la miel con las claras en un hilo delgado, dirigiéndolo hacia la orilla del tazón. Reduzca la velocidad a media y bata aproximadamente 5 minutos, hasta que el merengue esté a temperatura ambiente y esté firme.

Incorpore el espresso disuelto, e integre la mantequilla en 3 adiciones, incorporando cada adición antes de agregar la siguiente. Cuando haya integrado toda la mantequilla, reduzca la velocidad a medio-alta y bata el betún aproximadamente 1 minuto, hasta que esté espeso y suave.

El betún debe usarse de inmediato. Rinde 2½ tazas (560 ml/20 fl oz).

Variación: Para hacer betún para el Bocado del Diablo (página 13), use 1 taza (225 g/8 oz) de mantequilla sin sal; 5 claras de huevo grande y 5 cucharadas (70 g/2½ oz) de azúcar; y 2 cucharadas más ½ cucharadita de polvo para espresso disuelto en 2 cucharaditas de agua hirviendo. Para hacer la miel de azúcar, use 1¼ tazas (250 g/9 oz) de azúcar y 5 cucharadas (70 ml/2 ½ fl oz) de agua. Agregue 3 cucharadas del azúcar a las claras de huevo después de que se esponjen y las 2 cucharadas restantes después de aumentar la velocidad de la batidora a alta. Rinde aproximadamente 4 tazas (900 ml/32 fl oz).

BETÚN DE VAINILLA

1½ taza (335 g/12 oz) de mantequilla sin sal, a temperatura ambiente

½ taza (110 ml/4 fl oz) de leche

¾ de taza (160 g/6 oz) de azúcar

5 yemas de huevo grande

2 cucharaditas de extracto (esencia) de vainilla

Usando una batidora de pie adaptada con la paleta, bata la mantequilla a velocidad media, hasta que tenga la textura de una mayonesa; no debe derretirse. Pase a otro tazón. Lave y seque perfectamente el tazón de la batidora. En una olla sobre calor medio, caliente la leche y ¼ de taza (60 g/2 oz) del azúcar, moviendo ocasionalmente, hasta que aparezcan pequeñas burbujas en la orilla de la olla.

Mientras tanto, usando una batidora de pie, bata las yemas de huevo y la **½** taza restante (100 g/4 oz) de azúcar, con el batidor a velocidad media-alta, cerca de 3 minutos, hasta que la mezcla esté pálida y espesa. Reduzca a velocidad baja e integre la mezcla de leche caliente en un hilo delgado. Vuelva a colocar la mezcla en la olla. Lave y seque perfectamente el batidor y el tazón de la batidora.

Cocine sobre calor medio, batiendo constantemente de 5 a 7 minutos, hasta que registre los 77°C (170°F) en un termómetro de lectura instantánea. Vierta la mezcla una vez más al tazón de la batidora y bata con el batidor a velocidad media, de 5 a 10 minutos, hasta que se enfríe. Incorpore la vainilla. Agregue la mantequilla en 4 adiciones, incorporando cada adición antes de agregar la siguiente. Use inmediatamente o refrigere hasta cuando lo necesite; dura hasta 3 días. Si el betún ha estado refrigerado, bátalo a mano sobre agua hirviendo a fuego lento, hasta obtener la consistencia necesaria para untarlo. Rinde 3 tazas (670 ml/24 fl oz), cantidad suficiente para un pastel de 2 capas de 23 cm (9 in).

Variación: Para hacer Betún de Limón, sustituya la vainilla por 1 cucharada de extracto (esencia) de limón. Para hacer Betún de Chocolate, derrita 110 g (4 oz) de chocolate semi amargo, finamente picado, sobre agua hirviendo a fuego lento (página 32). Deje enfriar a temperatura ambiente. Omita la vainilla e integre el chocolate derretido con el betún.

PURÉ DE FRAMBUESA

4 tazas (335 g/12 oz) de frambuesas

3 cucharadas de azúcar glass

En un procesador de alimentos o licuadora, haga un puré con las frambuesas y el azúcar. Cuele a través de un colador de malla fina sobre un tazón, presionando la mezcla con el reverso de una cuchara. Refrigere hasta cuando lo necesite, o hasta por 3 días. Retire del refrigerador 30 minutos antes de servir. Rinde 1 taza (225 ml/8 fl oz).

CREMA INGLESA

Ralladura de 1 limón (página 88)

6 cucharadas (85 ml/3 fl oz) de jugo de limón fresco

3 cucharadas de jugo de naranja fresco

2 huevos grandes

⅓ taza (70 g/2½ oz) de azúcar

2 cucharadas de mantequilla sin sal

2 cucharadas de crema espesa (doble) o crema dulce

En una olla sobre calor medio, combine la ralladura de limón, los jugos de limón y naranja, huevos, azúcar, mantequilla y crema. Cocine, batiendo constantemente, cerca de 5 minutos, hasta que la salsa se espese y registre una temperatura de 74°C (165°F) en un termómetro de lectura instantánea. No descuide la salsa y no cocine demasiado. Colóquela inmediatamente en un tazón, cubra con plástico adherente y refrigere hasta cuando la necesite, o hasta por 1 semana. Rinde 1 taza (225 ml/8 fl oz).

ÍNDICE

DEGUSTIS
Es un sello editorial de
Advanced Marketing, S. de R.L. de C.V.
Calz. San Francisco Cuautlalpan 102 Bodega D
Col. San Francisco Cuautlalpan, Naucalpan Edo. de México, C.P. 53569

WILLIAMS-SONOMA
Fundador y Vicepresidente: Chuck Williams

WELDON OWEN INC.
Presidente Ejecutivo: John Owen; Presidente: Terry Newell; Jefe de Operaciones: Larry Partington
Vicepresidente, Ventas Internacionales: Stuart Laurence; Director de Creatividad: Gaye Allen;
Director de Creatividad Asociado: Leslie Harrington; Editor de Serie: Sarah Putman Clegg;
Gerente Editor: Judith Dunham; Editor: Heather Belt; Diseño:Teri Gardiner;
Director de Producción: Chris Hemesath; Gerente de Color: Teri Bell;
Coordinación de Envíos y Producción: Libby Temple

Weldon Owen agradece a las siguientes personas por su generosa ayuda y apoyo
en la producción de este libro: Editor de Copias; Kris Balloun; Editor Consultor: Sharon Silva;
Estilista de Alimentos: Sandra Cook; Asistentes de Estilista de Alimentos: Elisabet der Nederlanden,
Melinda Barsales y Annie Salisbury; Consultor de Recetas, Peggy Fallon;
Asistentes de Fotografía; Noriko Akiyama y Heidi Ladendorf;
Corrección de Estilo: Desne Ahlers y Carrie Bradley;
Diseño de Producción: Linda Bouchard; Índice: Ken DellaPenta;

Título Original: *Cakes*   Traducción: Concepción O. De Jourdain, Laura Cordera L.
Pasteles de la Colección Williams-Sonoma fue concebido y producido por
Weldon Owen Inc., en colaboración con Williams-Sonoma.

Una Producción Weldon Owen Derechos registrados © 2003 por Weldon Owen Inc, y Williams-Sonoma Inc.

Derechos registrados © 2004 para la versión en español: Advanced Marketing, S. de R.L. de C.V.
Calz. San Francisco Cuautlalpan 102 Bodega D
Col. San Francisco Cuautlalpan, Naucalpan Edo. de México, C.P. 53569

Presentado en Traján, Utopía y Vectora.

ISBN 970-718-192-3
ISBN 13: 978-970-718-192-2

Separaciones de color por Bright Arts Graphics Singapur (Pte.) Ltd. / Color separations by Bright Arts Graphics Singapore (Pte.) Ltd.
Impreso y encuadernado en Singapur por Tien Wah Press (Pte.) Ltd. / Printed and bound in Singapore by Tien Wah Press (Pte.) Ltd

2 3 4 5   06 07 08

UNA NOTA SOBRE PESOS Y MEDIDAS

Todas las recetas incluyen medidas acostumbradas en Estados Unidos y medidas del sistema métrico.
Las conversiones métricas se basan en normas desarrolladas para estos libros y han sido
aproximadas. El peso real puede variar.

Impreso en 2006 por Advanced Marketing, S. de R.L. de CV.